Dictionnaire Esperanto-français...

Louis de Beaufront

KOLEKTO ESPERANTA

APROBITA DE Do ZAMENHOF

DICTIONNAIRE

Esperanto-Français

P A R

L. DE BEAUFRONT

ONZIÈME MILLE

PARIS

LIBRAIRIE HACHETTE ET Cᴵᵉ

79, BOULEVARD SAINT-GERMAIN, 79

1904

TUTMONDA JARLIBRO ESPERANTISTA

Pour faciliter les relations entre les personnes connaissant l'Esperanto, la maison Hachette et Cie publiera chaque année, à partir de 1904, un annuaire espérantiste mondial renfermant les renseignements les plus complets sur les Sociétés, journaux et ouvrages Espérantistes avec une liste d'adresses.

Toutes les personnes, de n'importe quelle nationalité, qui s'intéressent à un degré quelconque à l'Esperanto sont instamment priées de se faire inscrire dans cet annuaire en indiquant leur nom, profession et adresse à :

M. F. DE MÉNIL
46, boulevard Magenta,
PARIS (10°)

L'inscription est absolument **GRATUITE** et elle n'engage la personne inscrite à aucun devoir ou obligation.

Le premier Annuaire paraîtra en Mars 1904.

DICTIONNAIRE

Esperanto – Français

PAR

L. DE BEAUFRONT

ONZIÈME MILLE

PARIS

LIBRAIRIE HACHETTE ET Cⁱᵉ

79, BOULEVARD SAINT-GERMAIN, 79

1904

AL GRAFO

JEAN-R. CHANDON DE BRIAILLES

UNU EL LA UNUAJ KAJ EL LA
PLEJ BONAJ AMIKOJ DE ESPERANTO

Tiun ĉi libreton danke kaj tre simpatie dediĉis

L. DE BEAUFRONT.

AVERTISSEMENT DE LA 4ᵉ ÉDITION

Nous avons profité de la quatrième édition de cet ouvrage pour corriger quelques erreurs et enrichir le vocabulaire.

On y trouvera donc un grand nombre de mots composés et même de racines pures qui ne figurent pas dans les éditions antérieures. Nous les avons extraits du manuscrit de notre dictionnaire français-esperanto qui paraîtra l'an prochain. Nous avons aussi puisé un certain nombre d'expressions dans le petit vocabulaire technique des termes spéciaux à la philathélie composé, en 1896, par notre premier collaborateur, M. René Lemaire, et cité comme le modèle du genre par le Dr Zamenhof. Toutes ces additions donnent au total *plus de huit cents* mots nouveaux.

Contrairement à une opinion erronée, l'*Universala Vortaro*, publié par l'auteur de l'Esperanto en 1894, ne renferme pas à beaucoup près toutes les racines employées ou admises en cette langue. C'est ainsi qu'on n'y trouve presque aucun des mots tout à fait internationaux chez les grands peuples civilisés, mots qui cependant passent de droit en Esperanto d'après la règle 15 de sa grammaire. On n'y trouve pas davantage bon nombre de racines qui figurent dans le *Plena vortaro por Rusoj*, antérieur pourtant à cet ouvrage. Dans la pensée du Dr Zamenhof, l'*Universala Vortaro* n'a jamais été le code arrêté et fermé de toutes les racines de sa langue. Autrement il n'en aurait pas fourni plusieurs toutes nouvelles pour la première édition du dictionnaire Esperanto-Français et il n'en aurait pas approuvé un bon nombre d'autres parues dans le *Vocabulaire Français-Esperanto.* En réalité l'*Universala Vortaro* ne présente que la collection des racines le plus ordinairement employées en Esperanto, moins, comme nous l'avons dit, presque tous les mots internationaux, omis intentionnellement pour ne pas grossir le livre. L'épithète *universala* porte, non pas sur les éléments que cet ouvrage renferme, mais sur l'emploi qu'on peut en faire presque universellement, grâce à la traduction en cinq grandes langues de tous les mots qu'il présente. Cette explication nous a paru nécessaire pour qu'on ne vît, de la part du Dr Zamenhof, ni innovation, ni changement de principe dans l'approbation de dictionnaires renfermant plus de racines que n'en présente l'*Universala Vortaro.*

Mais d'après quelle loi l'auteur de l'Esperanto admet-il une racine pour l'expression d'une **idée internationale**? Il cherche d'abord si les éléments déjà possédés par sa langue, soit seuls, soit agglutinés, ne suffisent pas pour la rendre d'une manière satisfaisante. Dans l'affirmative il s'en contente, comme font plus ou moins toutes nos langues, mais en particulier le grec et l'allemand. Ici bien évidemment une racine spéciale n'est pas nécessaire et ce serait une contradiction flagrante à la simplicité essentielle de l'Esperanto que de charger inutilement la mémoire de tous d'un élément nouveau. Si au contraire les ressources dont il dispose ne lui fournissent pas l'expression juste pour cette *idée internationale*, il lui faut certainement une racine spéciale, et cette racine il l'emprunte à nos langues dans le maximum possible d'internationalité.

Mais précisons par des exemples. Voici les idées internationales *participer, fratricide, paume,* (de la main), *complice, distance.* Pour ces idées l'Esperanto a ce qu'il faut; une simple réunion d'éléments lui permet de les rendre avec la dernière précision, à l'aide de *parto'preni, frat' mort'ig'o, man'plato, kun'kulp'ul'o, inter'spaco.* Mais voici les mots *appliquer, équiper, raisonner, insister, plaider.* Ici il faut une racine spéciale, car toute composition ne donnerait qu'une expression défectueuse pour ces idées internationales et pour toutes celles qui en dérivent. D'où les éléments *aplik* (angl., franç., esp., ital., port.), *ekip* (angl., franç., esp., ital., port.), *rezon* (angl., franç., esp.), *insist* (angl., franç., esp., ital., port.), *pled* (angl., franç., esp., port.). Il n'est d'ailleurs pas inutile de faire remarquer que toute composition trop approximative, et partant plus ou moins fausse, imposerait à la mémoire une charge pour le moins aussi lourde qu'une racine bien choisie, en dehors de son côté vicieux dans une langue qui base sur la logique le facile souvenir des mots.

Certains regrettent que le dictionnaire esperanto, qui compte déjà beaucoup d'éléments germaniques, n'emprunte pas encore davantage à l'allemand. Mais ils ne réfléchissent pas que c'est une conséquence même du principe de la plus grande internationalité possible dans les éléments formateurs de l'idiome. Imputons-en la faute, non à l'Esperanto, mais à nos langues qui ont surtout internationalisé les éléments latins. Ou la langue internationale penchera trop systématiquement du côté germanique, et alors elle perdra pour autant l'internationalité de ses racines ; ou elle maintiendra ferme cette internationalité, et alors forcément elle restera plus latine que germanique. C'est un dilemme pratique auquel elle ne peut échapper.

L. DE BEAUFRONT.

Louviers, décembre 1903.

N. B. — A titre d'indication utile nous dirons que, grâce aux dispositions prises, le Dr Zamenhof a eu *trois fois* sous les yeux *tous* les mots nouveaux de ce dictionnaire, composés ou non, et qu'il a bien voulu notamment revoir et signer « aprobita » chaque cahier de la mise en pages, ce dont nous lui sommes profondément reconnaissant pour nous-même et pour tous.

EMPLOI DU DICTIONNAIRE

Ce dictionnaire contient les *racines, caractéristiques, affixes* et *terminaisons grammaticales*, à
l'aide desquels on forme les mots de l'Esperanto.

Les racines se divisent en deux catégories :

1° *Celles qui ne sont pas précédées d'un astérisque*
et qu'on ne peut employer sans addition. On
leur ajoute les caractéristiques *o, a, e* ou *i* pour
former un substantif, un adjectif, un adverbe ou
l'infinitif d'un verbe.

Exemple : avec la racine *parol* (page 131) on
forme : *parolo*, parole; *parola*, oral; *parole*, ora-
lement; *paroli*, parler.

2° *Celles qui sont précédées d'un astérisque.* On
les emploie sans aucune addition de caractéristique, tant qu'elles restent dans le sens et le rôle
indiqués par la traduction qui les suit. Mais,
quand on en tire des dérivés, elles reçoivent naturellement la caractéristique voulue.

Exemple : * *kontraŭ* (page 83) qui, employé
sans addition de caractéristique, a le sens et le
rôle de la préposition *contre*; mais qui prend la
caractéristique *a*, pour signifier contraire, *kontraŭa* (adj.), et la caractéristique *e*, pour signifier
contrairement, *kontraŭe* (adv.).

Pour épargner des recherches au lecteur, nous
avons donné dans cet ouvrage de nombreux

exemples de *mots tout formés*. Il y trouvera donc une quantité de racines suivies d'une liste de mots à employer tels quels. Ces mots ont été mis *en retrait*, pour les distinguer des racines et éviter toute confusion.

———

Deux catégories de personnes se serviront de ce dictionnaire : — 1° des hommes ne sachant rien de la grammaire esperanto, puisque la langue peut être comprise sur-le-champ, *sans aucune étude préalable*, rien qu'à l'aide d'un lexique ; — 2° des adeptes sachant plus ou moins cette grammaire. Nous diviserons donc en deux parties ce qu'il nous faut dire ici.

POUR CEUX
QUI NE SAVENT PAS L'ESPERANTO

Toutes les terminaisons grammaticales, tous les préfixes et les suffixes figurent dans le dictionnaire, à leur ordre alphabétique et avec leur valeur précise, aussi bien que les autres mots. Il suffit donc de chercher un à un les divers éléments du mot esperanto, pour en avoir finalement la signification totale. Or cette recherche est rendue très facile par la règle 11 de la grammaire qui traite des mots composés. Cette règle prescrit de séparer par des petits traits verticaux, ou par des virgules, les divers éléments formateurs des mots, QUAND ON S'ADRESSE A DES PER-

SONNES QUI NE CONNAISSENT PAS LA LANGUE. Ainsi la phrase : *Mi volus foriri pli frue, sed, pro la alveno de mia patro, mi devos atendi ĝis la unuaj tagoj de la proksima semajno* s'écrira, pour ces personnes, de la manière suivante : *Mi vol'us for'ir'i pli fru'e, sed, pro la al'ven'o de mi'a patr'o, mi dev'os atend'i ĝis la unu'a'j tag'o'j de la proksim'a semajn'o.* Tout homme ignorant l'Esperanto n'aura qu'à chercher dans le dictionnaire, à son ordre alphabétique, chaque élément formateur des mots séparés ainsi, pour en avoir le sens intégral.

POUR LES ADEPTES

Quant aux adeptes, ils se serviront du dictionnaire, ou pour retrouver le sens d'un mot oublié, en traduisant l'*Ekzercaro* renfermé dans notre premier volume, ou pour avoir le sens d'un mot qu'ils n'ont pas encore vu. Dans un cas comme dans l'autre, nous appelons leur attention sur la **nécessité absolue de bien noter dans leur mémoire,** non pas **la valeur approximative, mais la valeur réelle du mot** donné comme racine. En toute langue d'ailleurs cette précision est nécessaire et personne n'en peut dispenser. Sans doute on n'a pas besoin de posséder tous les mots d'un dictionnaire; je le sais très bien. Mais je sais aussi que la provision de mots qui nous est nécessaire ne peut nous servir à rien, ou presque à rien, tant qu'elle n'est pas fixée dans notre cerveau avec sa valeur *bien juste, bien précise.* Or pour que cette valeur puisse s'y fixer, il faut naturellement la remarquer avec soin. Si nous ne le faisons pas dès la première fois que le mot étranger se présente devant nous, si nous lui attribuons une valeur imprécise ou fausse, nous nous en servirons naturellement plus tard avec la valeur imprécise ou fausse que nous lui aurons donnée. Et il y a bien des chances pour que nous nous en servions ainsi longtemps, sinon toujours.

Mais ne restons pas dans l'abstrait. Je rencontre pour la première fois, en Esperanto, la racine *hipokrit*. Je regarde distraitement mon dictionnaire, ou même je ne le regarde pas du tout, et je retiens l'idée générale d'hypocrisie pour cette racine. Quand, plus tard, j'ai à rendre *hypocrite, hypocrisie*, je dis *hipokrita* (adj.), *hipokritulo* (subs.) et *hipokriteco*, mots très justes du reste. Mais me voici en face de l'expression *faire l'hypocrite*, hypocriter, si le mot était français; de deux choses l'une, ou bien j'irai chercher quelque expression approximative avec bien de la peine, ou je dirai *fari hipokrita*, qui signifie, non pas *faire l'hypocrite*, mais *rendre hypocrite*. Eh bien, j'aurais évité cette erreur, si j'avais regardé plus attentivement la traduction de ma racine, car j'aurais justement trouvé et retenu qu'elle signifie *faire l'hypocrite, feindre hypocritement*. — Il m'arrivera pareille aventure pour *dolor*, si je lui attache uniquement le sens de *douleur*, au lieu de la signification verbale *faire mal, causer de la douleur, faire souffrir quelqu'un d'une douleur,* signification trouvée au dictionnaire.

Ces exemples suffisent pour montrer de quelle importance il est de bien faire attention au sens *précis de la racine*. C'est d'autant plus nécessaire pour nos adeptes qu'ils ne retrouveront pas, du moins en général, dans le dictionnaire Français-Esperanto, les explications ou les exemples qui se trouvent dans le dictionnaire Esperanto-Français. Si nous les y répétions, nous donnerions nécessairement un livre trop gros. Or il faut, pour la commodité de l'emploi, qu'il puisse se mettre facilement dans la poche et soit par conséquent le plus petit possible. Ce fait obligera à se reporter au dictionnaire Esperanto-Français, dans les cas de doute entre divers mots esperanto donnés pour un seul mot français. Il est donc sage de se précautionner contre cette éventualité, en fixant bien dans son souvenir le sens *juste et précis* des racines de l'Esperanto. On s'évitera ainsi des recherches fastidieuses. Puis la bonne et solide connaissance de l'Esperanto y trouvera profit. D'ailleurs nous pensons avec bien des maîtres que rien ne vaut l'étude *directe* de la langue étrangère. A notre avis, c'est par l'observation attentive des textes de cette langue, par leur imitation, par leur reproduction, qu'on doit l'acquérir, beaucoup plus que par tout autre moyen.

L. DE BEAUFRONT.

Louviers (Eure), 1er janvier 1902.

LISTE DES ABRÉVIATIONS

Abstr. — Abstraitement, abstraction.
Acc. — Accusatif.
Adj. — Adjectif.
Adv. — Adverbe.
Anat. — Anatomie.
Astr. — Astronomie.
Bot. — Botanique.
Ecclés. — Ecclésiastique.
Fig. — Figuré.
Gram. — Grammaire.
Hist. nat. — Histoire naturelle.
Intrans. — Verbe intransitif.
Mar. — Marine.
Math. — Mathématiques.
Mécan. — Mécanique.
Méd. — Médecine.
Milit. — Militaire.
Mor. — Moral.
Mus. — Musique.
Myth. — Mythologie.
Philos. — Philosophie.
Phys. — Physique.
Prép. — Préposition.
Qqch. — Quelque chose.
Qqn. — Quelqu'un.
Sc. — Science, scientifique,
Subs. — Substantif.
Termin. — Terminaison.
Trans. — Verbe transitif.
Typogr. — Typographie.
V. — Verbe.

DICTIONNAIRE

ESPERANTO-FRANÇAIS

A

a, marque l'adjectif; ex. : *homa,* humain.

abat, abbé.

abces, abcès.

abel, abeille.

aberaci, aberration (astron. et phys.).

abi, sapin.

abisen, abyssin.

   Abiseno, (un) Abyssin.

abism, abîme.

   enabismiĝi, s'abîmer.

ablativ, ablatif.

abnegaci, abnégation.

abomen, abomination.

abon, s'abonner à

abrikot, abricot.

abrupt, abrupte.

absint, absinthe.

absolut, absolu.

absolutism, absolutisme.

absolv, absoudre.

absorb, absorber (prendre et occuper tout entier).

   absorbiĝi, s'absorber.

abstemi, abstème.

abstinenc, abstinence.

abstrakt, abstrait.

   abstrakti, abstraire.

absurd, absurde.

   absurdo, absurdité.

acer, érable.

aĉet, acheter.

   subaĉeti, corrompre, suborner (par achat).

acid, aigre, acide.

ad, marque durée dans l'action. Ex. : *paſo,*

coup de fusil ; *pafado*, fusill*ade*.

adekvat, adéquat.

adept, adepte.

***adiaŭ**, adieu.

  diri adiaŭ, dire adieu, faire ses adieux.

  adiaŭo, adieu.

adici, additionner (mat).

adjektiv, adjectif.

administr, administrer.

administraci, administration (service, personnel de l'administration).

admir, admirer.

admiral, amiral.

admon, exhorter, engager à

adopt, adopter (un enfant).

ador, adorer.

  adoranto, adorateur.

  adorinda, adorable.

adres, adresser.

  adreso, adresse.

  adresato, destinataire.

adult, commettre un adultère.

adverb, adverbe.

advokat, avocat.

aer, air.

  aera, aérien.

  aerforma, aériforme.

  aerumi, aérer.

  aerveturanto, aéronaute

  aerkonduka, aérifère.

aerolit, aérolithe.

aerometr, aéromètre.

aerostat, ballon.

  aerostatisto, aéronaute (prof.).

afabl, affable.

  malafabla, malgracieux, rébarbatif.

afekci, affectif.

  afekcio, affection (phil.).

afekt, être affecté, minauder.

afer, affaire (en général) chose.

afiks, affixe.

afiŝ, affiche.

  afiŝi, afficher.

afrank, affranchir.

  afrankite, franco.

Afrik (o), Afrique.

  Afrikano, (un) Africain.

aft, aphte.

ag, agir (acte).

aĝ, âge.

  plenaĝa, majeur.

agac, agacement (dents).

agap, agape.

agend, agenda.

agent, agent (com.).

agit, agiter.

aĝiot, agio.

  aĝioti, agioter.

agl, aigle.

aglutin, agglutiner.

agoni, agonie.

  agonii, agoniser.

agord, accorder (mus. seulement).

agrabl, agréable.

agraf, agrafe.

agrafi, agrafer.

agronomi, agronomie.

ajl, ail.

.*ajn, que ce soit; ex. : *kiu ajn*, qui que ce soit.

aĵ, quelque chose possédant une certaine qualité ou fait d'une certaine matière. Ex. : *Mola*, mou; *molaĵo*, partie molle d'une chose; *pentri*, peindre; *pentraĵo*, une peinture. Idée concrète.

akaci, acacia.

akademi, académie.

akant, acanthe.

akapar, accaparer.

akar, mite.

akcel, accéler, hâter.

malakceli, ralentir.

akcent, accent (tonique).

akcept, accepter, accueillir.

akci, action (finance).

akcihavanto, actionnaire.

akcident, accident.

akcipitr, autour (oiseau).

akciz, accise.

akir, acquérir.

aklam, acclamer.

akn, bouton (sur la peau).

akolit, acolyte (à l'autel).

akomod, accommoder.

akompan, accompagner.

akord, accord (mus.)

akr, aigu, tranchant, acerbe.

akrigilo, pierre à aiguiser.

akrid, sauterelle.

aks, axe, essieu.

aksel, aisselle.

aksiom, axiome.

aktiv, actif,

aktivigi, activer.

aktiveco, activité.

aktor, acteur (théâtre).

akurat, exact, ponctuel.

akuŝ, accoucher (trans.)

akuŝistino, sage-femme.

akustik, acoustique (sc.)

akuzativ, accusatif.

akv, eau.

akva, aquatique.

akvokonduko, aqueduc.

akvafortist, aquafortiste.

akvarel, aquarelle.

akvari, aquarium.

akvilegi, ancolie.

*al, à, vers. Marque le datif et la direction

vers. Ex. : *al li*, à lui; *alporti*, porter vers, apporter; *aliri*, aller vers, aborder; *alveni*, venir vers, arriver; *aldoni*, ajouter.

al, alène.

alabastr, albâtre.

alarm, alarme.

alarmi, alarmer.

alaŭd, alouette.

albinos, albinos.

album, album.

albuminuri, albuminurie.

alcion, alcyon.

ald, alto.

ale, allée (chemin).

alegori, allégorie.

alfabet, alphabet.

alg, algue.

algebr, algèbre.

alĥemi, alchimie.

ali, autre.

aliecigi, altérer.

aline, alinéa.

alk, élan (bête).

alkali, alcalin.

alkohol, alcool.

alkoholigi, alcooliser.

alkoholulo, (un) alcoolique.

alkoholism, alcoolisme.

alkov, alcôve.

'almenaŭ, au moins.

almoz, aumône.

almozulo, mendiant.

aln, aune (arbre).

alo, aloès.

alopati, allopathie.

alt, haut.

altaĵo, (une) hauteur.

plialtigi, hausser.

altar, autel.

alte, guimauve.

altern, alterner.

alternativ, alternative.

alud, faire allusion à.

alumet, allumette.

alun, alun.

aluvi, alluvion.

am, aimer.

enamiĝi, devenir amoureux.

ameto, amourette.

enametiĝi, s'amouracher.

amisto, (le) galant.

amalgam, amalgame.

amalgami, amalgamer.

amas, amas, foule.

amasigilo, accumulateur.

ambasador, ambassadeur.

'ambaŭ, tous les deux.

ambici, ambitieux.

ambicio, ambition.

ambl, amble.

ambos, enclume.

ambr, ambre.

ambrozi, ambroisie.
ambulanc, ambulance.
amel, amidon.
Amerik(o), Amérique.
  Amerikano, (un) Américain.
ametist, améthiste.
amfibi, amphibie.
amfiteatr, amphithéâtre.
amiant, amiante.
amik, ami.
amindum, faire l'aimable, le galant.
amnesti, amnistie.
  amnestii, amnistier.
amoniak, ammoniac.
amorf, amorphe.
amortiz, amortir (une dette).
ampleks, dimension, étendue.
amput, amputer.
amulet, amulette.
amuz, amuser, divertir.
an, membre de..., habitant de..., partisan de.... Ex.: Regno, état, regnano, citoyen; Parizo, Paris; parizano, parisien; Kristo, Christ; kristano, chrétien.
  anaro, troupe.
  anigo, affiliation.
anagal, mouron.
anagram, anagramme.

anakronism, anachronisme.
analiz, analyser.
analogi, analogie.
  analogia, analogue.
ananas, ananas.
anarĥio, anarchie.
anas, canard.
  molanaso, eider.
anatomi, anatomie.
anĉov, anchois.
anekdot, anecdote.
anĝel, ange.
  ĉefanĝelo, archange.
angelik, angélique (bot.).
angil, anguille.
angin, angine.
angl, anglais (adj.)
  Anglujo, Angleterre.
anglicism, anglicisme.
angul, angle.
  triangulo, triangle.
  rektangulo, rectangle.
  anguleca, anguleux.
anim, âme.
  bonanima, débonnaire
aniz, anis.
  anizlikvoro, anisette.
*ankaŭ, aussi.
ankiloz, ankylose.
  ankilozi, ankyloser.
*ankoraŭ, encore.
ankr, ancre.
  sin deankrigi, appareiller, lever l'ancre

anobi, artisan.

anomali, anomalie.

anonc, annoncer.

  publika anoncisto, crieur public.

anonim, anonyme.

anser, oie.

*anstataŭ, au lieu de, à la place de, en guise de.

  anstataŭi, remplacer.

  anstataŭigi, substituer.

ant, marque le participe présent actif. Ex.: *Fari* faire; *faranta*, faisant; *farante*, en faisant.

antagonism, antagonisme.

antagonist, antagoniste.

*antaŭ, devant, avant.

  antaŭa, antérieur.

  antaŭiri, précéder.

  iriantaŭen, s'avancer.

  antaŭparolo, avant-propos, préface.

  antaŭĉambro, antichambre.

  antaŭsciigi, prévenir.

  antaŭtempa, prématuré.

  antaŭtuko, tablier.

  antaŭulo, précurseur.

  antaŭvidi, prévoir.

  antaŭzorgo, précaution.

anten, antenne.

antikrist, antéchrist.

antikv, antique, ancien.

  antikvaĵo (une) antiquité,(une)vieillerie.

antilop, antilope.

antimon, antimoine.

antipati, antipathie, aversion.

  antipatia, d'antipathie, antipathique.

antipod(oj), antipodes.

antologi, anthologie.

antraks, anthrax.

antropologi, anthropologie.

anunciaci, annonciation.

aort, aorte.

apanaĝ, apanage.

  apanaĝi, apanager.

aparat, appareil (machine).

apart, qui est à part.

  apartigi, séparer, mettre à part.

aparten, appartenir.

apati, apathie.

  apatia, apathique.

* apenaŭ, à peine.

aper, paraître, apparaître.

  malaperi, disparaître.

apetit, appétit.

aplaŭd, applaudir.

aplik, appliquer.

apliko, — ado, application (acte).

aplikaĵo, application (chose appliquée).

aplomb, aplomb (assurance imperturbable).

apog, appuyer.

apoge, apogée (astr.).

apokrif, apocryphe.

apolog, apologue.

apologi, apologie.

apopleksi, apoplexie.

apostat, apostat.

apostazi, apostasier.

apostol, apôtre.

apostrof, apostrophe (gram.).

apotek, pharmacie (boutique).

apotekmastro, apoticaire.

apoteoz, apothéose.

apr, sanglier.

april, avril.

aprob, approuver.

apsid, abside (astron. et église).

* **apud,** auprès, à côté de.

apuda, contigu, adjacent.

apudesti, être présent (être auprès).

ar, marque une réunion, une collection de... Ex. : *Arbo*, arbre, *arbaro*, forêt; *ŝtupo*, mar-

che, *ŝtuparo*, escalier; *vorto*, mot, *vortaro*, dictionnaire; *vagono*, vagon, *vagonaro*, train.

aro, collection, troupe.

arab, arabe, arabique.

Arabo (un) Arabe.

arabesk, arabesque.

arane, araignée.

araneaĵo, toile d'araignée.

aranĝ, arranger.

taŭgaranĝi, aménager.

arb, arbre.

arbeto, arbrisseau.

arbetaro, bosquet.

arbetaĵo, buisson.

arbareto, petit bois.

arbalestr, arbalète.

arbitr, arbitraire (adj. et subs.).

arbitraci, arbitrage.

juĝanto, juĝisto arbitracia, arbitre.

juĝi arbitracie, arbitrer.

arĉ, archet.

arde, héron.

ardez, ardoise.

ardezogriza, gris ardoise.

areometr, aréomètre.

areopag, aréopage.

aren, arène, lice.

arest, arrêter, arrestation.

arĝent, argent (métal.).
  arĝenti, argenter.
  arĝentajaro, argente-
    rie.
argil, argile.
argument, argumenter.
Argus, Argus (myth.).
arĥeologi, archéologie.
  arĥeologiisto, archéo-
    logue.
arĥipelag, archipel.
arĥitektur, architec-
  ture.
  arĥitekturisto, archi-
    tecte.
arhiv(o), archives.
ari, air (mus.).
ariergard, arrière-garde.
aristokrat, aristocrate.
aristolok, aristoloche.
aritmetik, arithméti-
  que.
ark, arc (géométrie).
  arkaĵo, voûte.
  pafarko, arc (armé.).
  arkefleksi, arquer.
arkad, arcade.
arktik, arctique.
arleken, arlequin.
arm, armer.
  armilo, arme.
  armilejo, arsenal.
  armaĵo, armure.
  armilfaristo, armu-
    rier.
  senarmigi, désarmer.

arme, armée.
  armeo surtera, mara,
    armée de terre, de
    mer.
Armen, (un) Arménien.
arnik, arnica.
arogant, arrogant.
arogi al si, s'arroger.
arom, arome.
aromat, aromate.
arpeĝ, arpège.
  arpeĝi, arpéger.
arsenik, arsenic.
art, art.
  arta, d'art, qui relève
    de l'art.
  belartoj, beaux-arts.
  artista, artistique.
artemizi, armoise.
arteri, artère (anat.).
artez, artésien.
artifik, artifice, subterfuge.
  senartifika, droit,
    loyal.
artik, articulation, join-
  ture.
  disartikigo, entorse.
  elartikigi, désarticu-
    ler, déboîter.
  enartikigi, remboîter.
artikol, article (pas marchandise).
artileri, artillerie.
  artileriano, artilleur.
artiŝok, artichaut.

artrit, arthrite.

artritulo, arthritique.

as (termin.), marque le présent d'un verbe. Ex. : *Fari*, faire ; *mi faras*, je fais.

as, as.

asafetid, assafœtida.

asekur, assurer (société d'assurances).

asesor, assesseur.

asfalt, asphalte.

asfiksi, asphixie.

asfiksiigi, apshyxier.

asfiksiulo, asphyxié.

asign, assigner (certaine somme pour).

askarid, ascaride.

asket, ascète.

asklepiad, asclépiade (plante et vers).

asparag, asperge.

aspid, aspic.

aspirant, aspirant (à une place, à un titre).

astr, astre.

astrologi, astrologie.

astronomi, astronomie.

at, marque le participe présent passif. Ex. : *Fari*, faire ; *farata*, étant fait, qu'on fait.

atak, attaquer.

atakanto, agresseur.

atakegi, charger (l'ennemi).

ateist, athée.

ateism, athéisme.

atenc, attenter à.

atenco, attentat.

atend, attendre.

atendemo, patience (à attendre).

atent, attentif.

atenti, faire attention.

malatenta, distrait.

atest, témoigner, attester.

atestanto, témoin (justice).

ricevatesto, récépissé.

ating, atteindre, obtenir.

atlas, satin.

atlet, athlète.

atmosfer, atmosphère.

atom, atome.

atomism, atomisme.

atoni, atonie.

atripl, arroche (plante).

atrofi, atrophie.

atut, atout (aux cartes).

aŭ, ou, ou bien.

aŭd, entendre, ouïr.

aŭdado, ouïe.

aŭdienc, audience.

aŭditori, auditoire (lieu).

aŭgust, août.

aŭkci, encan.

aŭkcie vendi, vendre à l'encan.

Aŭror(o), Aurore (myth.).

aŭskult, écouter.

aŭspici(oj), auspices.
aŭtentik, authentique.
aŭtokrat, autocrate.
aŭtomat, automate.
aŭtonomi, autonomie.
aŭtor, auteur.
aŭtoritat, autorité.
  aŭtoritata, qui a de
    l'autorité, autorisé.
aŭtun, automne.
av, grand-père.
avangard, avant-garde.
avar, avare.
  avari, être avare de
    (avec acc.).
avel, noisette.

aven, avoine.
aventur, aventure.
avert, avertir.
  averto, avertisse-
    ment.
avid, avide.
  avidi, convoiter.
aviz, avis.
azar, asaret.
azen, âne.
Azi(o), Asie.
  azīa, asiatique (adj.).
  Aziano, (un) Asiatique.
  Malgrand-Azio, Asie-
    Mineure.
azot, azote.

B

babil, babiller, bavarder.
bagatel, bagatelle, ba-
  biole, de mince valeur.
bajonet, baïonnette.
bak, cuire (au four).
bal, bal.
bala, balayer.
  balaaĵo, balayure.
balad, ballade.
balanc, balancer (trans.).
  balanciĝi, balancer
    (intrans.), osciller.
balast, lest.
balbut, bégayer, balbu-
  tier.

baldaken, baldaquin,
  dais.
* baldaŭ, bientôt.
  baldaŭa, prochain, qui
    a lieu bientôt.
balen, baleine.
  balenosto, baleine (fa-
    non de baleine).
balet, ballet.
  baletistino, ballerine.
balistik, balistique (sc.).
balkon, balcon.
balot, élire au scrutin.
balustrad, balustrade.
balzam, baume.

bambu, bambou.
ban, baigner (trans).
  banlando, station bal-
    néaire.
  banejo, établissement,
    salle de bains.
banan, banane.
band, bande, troupe.
bandaĝ, bandage.
  bandaĝi, bander.
banderol, bande (papier).
  banderoleto, bande-
    lette..
bank, banque.
bankier, banquier.
bankrot, faire banque-
  route, faire faillite.
bant, rosette, nœud (de
  ruban).
bapt, baptiser.
baptano, compère.
  baptopatro, parrain.
  baptofilo, filleul.
bar, barrer.
  baro, barre, obstacle.
  barilo, barrière.
  plektbarilo, haie.
barakt, se débattre.
barb, barbe.
  senbarba, imberbe.
barbar, (un) barbare.
barbarism, barbarisme.
barbir, barbier, coif-
  feur.
barĉ, soupe aux bette-
  raves (russe).

barel, tonneau, futaille.
barikad, barricade.
bariton, baryton
  (homme).
bark, barque.
barometr, baromètre.
baron, baron.
bas, basse (voix).
bask, basque (d'habit).
bast, partie intérieure
  de l'écorce, liber.
bastard, bâtard.
bastion, bastion.
baston, bâton.
bat, battre (donner, produire des coups).
  debati, **batfaligi**,
    abattre.
  rebato, contre-coup.
  batiĝo, rixe, bagarre.
  rebatilo, raquette. (Jeu
    de volant. — Raketo ne
    signifie que fusée).
batal, combattre.
  batalo, combat, ba-
    taille.
  bataleto, escarmou-
    che.
  ekbatalo, engage-
    ment.
  batalilo, arme.
  kontraŭbatali, résis-
    ter.
batalion, bataillon.
bateri, batterie.
batist, batiste.

bazalt, basalte.
bazar, bazar, marché.
bed, planche(plate-bande).
bedaŭr, regretter.
  bedaŭrinde, malheu-
  reusement (regretta-
    blement).
bek, bec.
bel, beau.
  beligi, embellir (tr.).
  beliĝi, embellir (in-
    trans.).
  malbelegulo, monstre
    (de laideur).
beladon, belladone.
beletristik, belles
  lettres.
ben, bénir.
benk, banc(pour s'asseoir).
ber, baie (d'arbre, de
  plante).
  vinbero, raisin.
  beraro, grappe.
best, animal, bête.
bet, betterave.
betul, bouleau.
bezon (trans.), avoir be-
  soin de...
  bezona, dont on a
    besoin.
  nebezona, dont on n'a
    pas besoin.
bibliotek, bibliothèque.
bicikl, bicycle.
  biciklisto, bicycliste.
  bicikleto, bicyclette.

bien, bien, terre, do-
  maine.
  bienulo, propriétaire.
bier, bière (breuvage).
bilanc, balance (com-
  merce), bilan.
bilard, billard.
bilbok, bilboquet.
bilet, billet.
  banka bileto, billet de
    banque.
bind, relier (des livres).
biografi, biographie.
biologi, biologie.
bird, oiseau.
  birdeto, petit oiseau
    (de petite taille).
  birdido, jeune oiseau,
    oisillon.
'bis, bis (pour la seconde
  fois, encore une fois).
biskvit, biscuit.
bismut, bismuth.
bistra, bistre.
bisturi, bistouri.
blank, blanc.
  blanko, (le) blanc.
  blankaĵo, (une) blan-
    cheur.
  blanketo, feuille lais-
    sée en blanc.
  ovblanko, blanc (de
    l'œuf).
blasfem, blasphémer.
blat, blatte.
blazon, blason (sc.).

blek, bêler, hennir, mugir, grogner, etc. (désigne les cris spéciaux des animaux).
  blekegi, rugir.
blind, aveugle.
  blindulo (un) aveugle.
  blindepalpo, colin-maillard.
blok, bloquer.
blond, blond.
blov, souffler.
  forblovi, enlever, emporter (le vent).
  plenbovi, gonfler.
blu, bleu.
  bluo, (le) bleu.
  dubeblua, bleuâtre.
  blueta, bleuté.
  bluiĝi, bleuir (intrans.).
  prusblua, bleu de Prusse.
bo, marque la parenté résultant de votre mariage ou de celui de vos enfants. Ex. : *Bopatro*, beau-père; *bofilo*, gendre; *bofrato*, beau-frère.
boa, boa.
boat, canot.
boben, bobine.
bohem, bohémien (adj).
  Bohemo, (un) Tchèque.
  Bohemujo, (la) Bohême.
boj, aboyer.

boks, boxer.
bol, bouillir.
bomb, bombe.
bombard, bombarder.
  bombardilo, canon.
bombon, bonbon.
bon, bon.
  bonanima, débonnaire.
  bonfari, faire du bien
  bonintenca, bien intentionné.
  bonkora, qui a bon cœur.
  bonkonduta, de bonne conduite.
  bonorda, en bon ordre.
  bonsona, euphonique.
  bonstato, bon état.
  bontrovo, bon plaisir.
  bonveno, bienvenue.
  esti bonhava, être dans l'aisance.
bor, percer, forer.
  borilo, foret.
  borileto, vrille.
boraks, borax.
bord, bord, rivage, rive.
  albordiĝi, aborder.
border, border (mettre une bordure).
bors, bourse (local).
bosk, bosquet.

bot, botte (chaussure).

boteto, bottine.

botisto, bottier.

botanik, botanique (sc.).

botanikisto, bota-
niste.

botel, bouteille.

bov, bœuf (espèce bovine).

bovino, vache.

bovo-viro, taureau.

boveto, petit bœuf
(taille).

bovido, petit de bœuf,
veau.

bovidino, génisse.

bovineto, petite va-
che (taille).

bovajo, bœuf (viande).

bovidajo, viande de
veau.

bovinejo, vacherie.

brak, bras.

braklaboristo, ma-
nœuvre.

bram, brème (poisson).

bran, son (de grain).

branĉ, branche.

branĉajo, fagot.

branĉaro, branchage.

branĉeto, rameau.

brand, eau-de-vie.

brandfarado, distilla-
tion d'eau-de-vie.

brandfarejo, distille-
rie d'eau-de-vie.

brandfaristo, distilla-
teur d'eau-de-vie.

brank, branchies, ouïes.

brankard, brancard.

brasik, chou.

flora brasiko, chou-
fleur.

brav, brave, intrépide
(prêt à affronter le dan-
ger et spécialement dans
le combat).

brave, bravo !

bravulo, (un) brave.

bravega, téméraire.

bravegeco, témérité.

brec, brèche.

bret, tablette, rayon.

brid, bride.

senbridigi, débrider.

brigad, brigade (milit.).

brik, brique

bril, briller, resplendir.

brilegi, étinceler.

brileti, jeter un faible éclat.

rebrilo, reflet.

brilajeto, paillette.

briliant, brillant (joail-
lerie).

britan, breton (adj.).

Britano, (un) Breton.

Britanujo, Bretagne.

Granda Britanujo,
Grande-Bretagne.

broĉ, broche.

brod, broder.

brog, échauder.

brokant, brocanter.
brom, brome.
bronk, bronche.
bronkit, bronchite.
bronz, bronze.
bros, brosse.
  brosi, brosser.
broŝur, brochure.
brov, sourcil.
bru, faire du bruit.
  bruego, vacarme.
  brueti, murmurer (les feuilles, l'eau, etc.).
brul, brûler (être en feu).
  bruleti, couver.
  bruligi, brûler (trans.).
  ekbruligi, allumer.
  brulaĵo, combustible,
  brulvundo, brûlure.
  brulumo, inflammation.
  brulodoro, odeur de brûlé.
  bruldifekti al si la manon, se brûler la la main.
brun, brun.
  brunigi, brunir (rendre de couleur brune).
  dubebruna, brunâtre.
  brunflavulo (un) alezan.
brust, poitrine.
brut, brute, bétail.
  brutigi, abrutir.
bub, gamin.

bubal, buffle.
buĉ, assommer, tuer.
  buĉejo, abattoir.
  buĉisto, boucher.
bud, baraque, échoppe.
  budeto, guérite.
budĝet, budget.
buf, crapaud.
bufed, buffet (restaurant).
buk, boucle (de métal).
buks, buis.
buked, bouquet.
bukl, boucle (de cheveux).
bul, boule, motte.
  buleto, boulette.
bulb, oignon, bulbe.
buljon, bouillon.
bulvard, boulevard.
bulk, petit pain blanc.
burd, bourdon (insecte).
burĝ, bourgeois (subs.).
  burĝaro, bourgeoisie (ensemble des bourgeois).
  burĝeco, bourgeoisie (qualité de bourgeois).
  burĝon, bourgeon.
  burĝoni, bourgeonner.
burlesk, burlesque.
burnus, burnous.
busprit, beaupré.
buŝ, bouche.
  buŝe, de vive voix.
  buŝego, museau, gueule, groin.

buŝumo, muselière.

buŝel, boisseau (mesure).

bust, buste.

buter, beurre.

butik, boutique.

   butikisto, boutiquier.

buton, bouton (d'habit).

butonumi, boutonner.

malbutonumi, déboutonner.

butontruo, boutonnière.

C, Ĉ

ĉagren, chagriner.

   ĉagreniĝi, se chagriner.

ĉam, chamois.

   ĉamkolora, ĉambruna, chamois (couleur).

ĉambelan, chambellan.

ĉambr, chambre (pièce d'une habitation).

   ĉambristo, valet de chambre.

ĉampan, vin de Champagne.

ĉan, chien (de fusil).

ĉap, bonnet fourré.

ĉapel, chapeau (d'homme, de femme).

ĉapitr, chapitre (de livre).

* ĉar, car, parce que, puisque, comme.

ĉar, char.

carlatan, charlatan.

carm, charmant.

   ĉarmo, charme.

   ĉarmi, charmer (atti-

rer, captiver par son charme).

ĉarnir, charnière.

ĉarpent, charpenter.

   kunĉarpenti, assembler, unir en charpentant.

   ĉarpentisto, charpentier.

ĉarpi, charpie.

cas, chasser (vénerie).

   ĉasaĵo, gibier.

   ĉaskorno, cor de chasse.

   ĉashundo, chien de chasse.

ĉast, chaste.

   malĉasta, libertin débauché.

   malĉasti, se livrer à la débauche (par mauvaises mœurs).

   malĉastigi, débaucher.

* ĉe, chez, à (si uation);

ĉe ni, chez nous; *tic,* ĉe la pordo, là-bas, à la porte.

ced, céder (abandonner, cesser de résister).

cedema, condescendant.

recedi, rétrocéder.

cedr, cèdre.

ĉef, principal.

ĉefepiskopo, archevêque.

ĉefduko, archiduc.

ĉefserĝento, sergent-major.

ĉefredaktoro, rédacteur en chef.

ĉefservisto, maître d'hôtel.

ĉefurbo, capitale.

ĉefi, tenir le premier rang.

cejan, bluet.

ĉek, chèque.

Ĉek, Tchèque.

cel, viser, tendre à.

celo, visée, but.

celtabulo, cible.

sencela, qui est sans but.

celdirekti, ajuster (en tirant).

ĉel, cellule, alvéole.

ĉelaĵo, tissu cellulaire.

cement, ciment, lut.

cemiz, chemise.

ĉen, chaîne.

ĉenero, chaînon.

elcenigi, déchaîner.

cend, cent (monnaie).

cenzur, censure.

cenzuristo, censeur.

* **cent**, cent.

centestro, centenier, centurion.

centjaro, siècle.

centjarulo, centenaire (l'homme).

centjaru festo, centenaire (l'anniversaire).

procento, intérêt.

procentego, usure.

centav, centavo (monnaie).

centim, centime.

centimetr, centimètre.

centr, centre.

alcentrokura, (force) centripète.

decentrokura, (force) centrifuge.

alcentrigi, centraliser.

cerb, cerveau.

cerbeto, cervelet.

ceremoni, cérémonie.

senceremonie, sans cérémonie, simplement.

ĉeriz, cerise.

ĉerk, cercueil.

ĉerp, puiser.

cert, certain, sûr.

   certigi, certifier, assurer.

   certiĝi, s'assurer.

cerv, cerf.

   cervino, biche.

   cervido, faon.

   norda cervo, renne.

ĉes, cesser (intrans.).

   ĉesigi. cesser (trans.), faire que cesse.

   senĉesa, continuel.

ceter, autre (le reste).

ĉeval, cheval (bête de la race chevaline).

   ĉevalino, jument.

   ĉevalo-viro, étalon, cheval entier.

   ĉevaleto, petit cheval (taille).

   ĉevalido, poulain.

   cevalidino, pouliche.

   ĉevalejo, écurie.

   ĉevalestro, écuyer.

   cevalisto, palefrenier.

   ĉevalaĵo, viande de cheval.

* **ci**, toi, tu.

   diri ci, tutoyer.

* **ĉi**, ce qui est le plus près. Ex. : *Tiu*, celui-là ; *tiu ĉi*, celui-ci ; *tic*, là ; *tie ĉi*, ici.

* **ĉia**, chaque.

cian'a acido, acide prussique.

* **ĉiam**, toujours.

   ĉiama, perpétuel.

* **ĉie**, partout.

   ĉiea, de partout, général (quant aux lieux).

* **ĉiel** (mot invariable), de toute manière.

ĉiel (mot variable), ciel.

   ĉielarko, arc-en-ciel.

   ĉieliro, Ascension.

ĉif, froisser, chiffonner.

cifer, chiffre.

   ciferplato, cadran.

ĉifon, chiffon.

   ĉifonaĵo, haillon.

   ĉifonisto, chiffonnier.

cigad, cigale.

cigan, tsigane.

cigar, cigare.

   cigaringo, fume-cigare.

   cigarujo, porte-cigare.

cigared, cigarette.

cign, cygne.

cikan, chicaner.

   ĉikanema, chicanier.

cikatr, cicatrice.

cikl, cycle.

   ciklisto, cycliste.

ciklon, cyclone.

ciklop, cyclope.

cikoni, cigogne.

cikori, chicorée.

cilindr, cylindre.
cim, punaise.
cimbal, cymbale.
cinabr, cinabre.
cinam, cannelle.
cindr, cendre.
* cio, tout.
  ĉiopova, tout-puissant.
cipres, cyprès.
cir, cirage.
cirk, cirque.
* ĉirkaŭ, autour de, environ.
  ĉirkaŭajô, alentours, environs.
  ĉirkaŭe, environ (adv).
  ĉirkaŭi, entourer, environner.
  ĉirkaŭo, circuit, pourtour.
  ĉirkaŭligo, bandeau.
  ĉirkaŭkolo, collier.
  ĉirkaŭmano, bracelet.
  ĉirkaŭurbo, banlieue.
  ĉirkaŭpreni, embrasser (entourer).
  ĉirkaŭskribi, circonscrire (décrire autour).
cirkel, compas.
cirkonstanc, circonstance.
cirkuler, circulaire (subs.).
cit, citer (pas en justice).

citat(o) citation (texte dont on s'appuie de vivo voix ou par écrit).
citr, cithare.
citron, citron.
  citronujo, citronarbo, citronnier.
  citronflava, jaune citron.
* ĉiu, chacun, tout.
  ĉiuj, tous (chaques).
  ciutaga, quotidien.
  ĉiumonata, mensuel.
  ĉiujara, annuel.
  ĉiufoje, toutes les fois.
civil, civil (par opposé à militaire, à ecclésiastique).
civiliz, civiliser.
civilizaci, civilisation.
ĉiz, ciseler.
  ĉizisto, ciseleur.
  ĉizilo, ciseau (pour le bois, la pierre, etc.).
ĉj, après les 2 — 5 premières lettres d'un nom d'homme servent de diminutif caressant. Ex. : Miĥaelo, Michel, Miĉjo petit Michel; patro, père, paĉjo, petit père.
ĉokolad, chocolat.
col, pouce (mesure).
* ĉu, est-ce que? Si (dans l'interrogation indirecte).
Ĉu... ĉu, soit... soit.

D

* da, de (mais seulement après les mots impliquant mesure, poids, nombre, quantité).
Ex. : *Glaso da vino*, verre de vin ; *kilogramo da viando*, kilogramme de viande ; *dekduo da forkoj*, douzaine de fourchettes ; *multe da homoj*, beaucoup d'hommes.

daktil, datte.

dam(oj), dames (jeu).
dama tabulo, damier.

damask, damas (étoffe).

dan, danois (adj.).
Dano, (un) Danois.
Danujo, Danemark.

danc, danser.
dancado, danse (l'art).
danco, (une) danse.

dand, petit-maître, dandy.
dandi, faire le petit-maître, faire le dandy.

danĝer, danger.
sendanĝera, sûr, à l'abri du danger.
sendanĝereco, sûreté.

dank, remercier.

danka, qui rend grâces. *Mi estas al vi tre danka*, je vous suis très reconnaissant (je vous rends grâces).

sendanka, ingrat (qui n'est pas payé de reconnaissance) : *sendanka laboro*, travail ingrat.

nedanka, qui ne rend pas grâces, ingrat (occasionnellement).

nedankema, ingrat (d'habitude).

dankeco, reconnaissance, gratitude (qualité).

dankado, reconnaissance, gratitude (son expression prolongée).

dankemo, reconnaissance, gratitude (son habitude).

sendankeco, ingratitude.

dat, date.
datreveno, anniversaire.
datumi, dater.
meti antaŭan daton, antidater.

dativ, datif.

datur, datura.

daŭr, durer, continuer (intrans.).

daŭrigi, faire durer, continuer, poursuivre (trans.).

* **de**, de, par, dépuis (marque le génitif, l'ablatif et le point de départ). Ex. : *La libro de Petro*, le livre de Pierre; *ŝi estas amata de ĉiuj*, elle est aimée de ou par tous; *de tiu tempo*, depuis ce temps; *deturni la okulojn* (*de*), détourner les yeux (de).

debat, débat.

debit, débit (opposé de crédit), débiter.

dec, convenir, être juste.

decas, il convient, il est juste (c'est un devoir).

decembr, décembre.

decid, décider, résoudre.

decideco, décision (qualité de).

decidigi, faire qu'on se décide, décider à.

decidiga, décisif.

antaŭdecido, parti-pris.

decilitr, décilitre.

decimetr, décimètre.

deĉifr, déchiffrer.

dedic, vouer, dédier, consacrer.

dediĉo, dédicace.

defend, défendre (protéger).

deficit, déficit.

definitiv, définitif.

degel, dégeler (intrans.).

degeligi, faire dégeler, dégeler (trans.).

degelado, dégel.

degelaĵo, chose en dégel (eau, neige).

degener, dégénérer.

degenerigi, abâtardir.

degrad, dégrader (enlever grade, dignité).

deĵor, être de service.

* **dek**, dix.

dekalitr, décalitre.

dekametr, décamètre.

deklam, déclamer.

deklaraci, déclaration.

deklinaci, décliner (gram.).

dekliv, déclivité, pente.

dekliva, en pente.

dekoraci, décoration, ornement.

dekstr, droit (adj.).

maldekstra, gauche.

dekret, décret.

deleg, déléguer.

delegito, (un) délégué.

delegaci, délégation.

delfen, dauphin (animal).

delikat, délicat, fin.

  maldelikata, grossier.

delir, délirer.

demagog, démagogue.

demand, demander (dans le sens de) questionner.

demokrat, démocrate.

demon, démon.

denar, denier.

dens, dense, serré, compact.

  densigi, condenser.

  maldensa, clairsemé.

  maldensiĝi, devenir clairsemé, s'éclaircir.

  densejo, fourré.

  maldensejo, clairière.

dent, dent.

  denta, à dents, dentelé.

  sendenta, sans dents, non dentelé.

  sendentigi, édenter.

  tridento, trident.

  dentaro, dentier, dentelure.

denunc, dénoncer.

departement, département.

depeŝ, dépêche.

* **des pli**, plus (dans *plus... plus*). Ex. : *Ju pli mi rigardas, des pli mi vidas ke...,* plus je regarde, plus je vois que.

deput, députer.

  deputato, député.

desegn, dessiner.

desert, dessert.

detal, détail, détaillé.

determin, déterminer (fixer quelque chose qui est incertain).

detru, détruire.

dev, devoir (obligation morale).

  devigi, obliger, contraindre.

  preterdevo, surérogation.

  preterdeva, surérogatoire.

deviz, devise.

dezert, désert (nom et adj.).

  dezertulo, solitaire, anachorète.

dezir, désirer, souhaiter.

  deziregi, brûler de désir, souhaiter ardemment.

Di, Dieu.

  dia, divin.

  dieco, divinité (nature divine).

  diisto, déiste.

  diaĵo, (une) divinité.

  Diservo, service divin, office.

  Dipatrino, Mère de Dieu, la Sainte Vierge.

Dio volu! Dieu veuille !
Dio gardu! Dieu garde !

diabl, diable.

diadem, diadème.

diafan, transparent.

diafaneco, transparence.

diafanigi, rendre transparent.

diafaniĝi, devenir transparent.

diagnostik, diagnostic.

diagonal, diagonale.

diakon, diacre.

ĉefdiakono, archidiacre.

dialekt, dialect.

dialog, dialogue.

diamant, diamant.

diant, œillet.

diametr, diamètre.

diapazon, diapason.

diboĉ, être débauché, vivre dans la débauche.

diboĉigi, faire vivre dans la débauche.

diboĉo, débauche.

didaktik, didactique.

didelf, didelphe, kangourou.

diet, diète (méd.).

difekt; endommager, détériorer.

difekto, endommagement, détérioration.

sendifekta, intact.

diferenc, différer, se distinguer.

diferencigi, rendre différent, distinguer.

difin, définir, assigner, destiner (fixer sur la nature, le sens ou le rôle).

difteri, diphtérie.

dig, digue.

digest, digérer.

digestebla, digestible.

digestiga, digestif.

dik, gros, épais.

maldika, mince.

dikeco, grosseur, épaisseur.

maldikega, grêle, fluet.

dikt, dicter.

diktat(o), dictée.

diktator, dictateur.

dilem, dilemme.

diligent, diligent, empressé, assidu.

diligento, diligence.

maldiligento, négligence.

diligenti, montrer de la diligence.

dimanĉ, dimanche.

dinamik, dynamique (mécan.).

dinamism, dynamisme.

dinamit, dynamite.

dinamometr, dynamo-
mètre.
dinasti, dynastie.
diplom, diplôme.
diplomat, diplomate.
diplomati, diplomatie.
dir, dire.
  antaŭdiri, prédire.
  kontraŭdiri, contredire.
direkci, direction (ensemble des services diri-
  gés).
direkt, diriger.
  direkto, direction (sens
   à suivre ou suivi).
  direktado, direction
   (conduite de...).
  direktilo, gouvernail.
  direktilisto, pilote.
direktor, directeur.
direktori, directoire.
dis, marque désunion et
  dissémination. Ex. :
  Iri, aller, *disiri,* se séparer, aller chacun de
  son côté; *ĵeti,* jeter,
  disĵeti, jeter çà et là,
  éparpiller.
  disigi, désunir, séparer.
  disiĝo, désunion,
  schisme.
  dise, séparement.
  disiĝinto, schismati-
  que.

disciplin, discipline (règle imposée).
disenteri, dysenterie.
disertaci(o), disserta-
  tion.
disk, disque.
diskont, escompter (un
  billet), escompte.
diskret, discret.
  diskreteco, discré-
  tion.
diskut, discuter.
  diskutebla, discuta-
  ble.
  diskutinda, qui mé-
  rite d'être discuté.
dispon, disposer (pas arranger).
disput, disputer.
  disputo, dispute, querelle, altercation.
distil, distiller.
  distililo, alambic.
  distilisto, distilla-
  teur.
disting, distinguer.
  distingiĝi, se distinguer, se faire re-
  marquer.
  distingiĝa, distinctif.
  distinginda, distin-
  gué.
distr, distraire (détourner,
  écarter).
  distro, distraction (action de distraire).

distreco, distraction (état).

distrita, distrait.

distriĝi, se distraire.

distrikt, district (circonscription).

diven, deviner.

divers, divers, varié.

diversigi, varier, (trans.).

divid, diviser, partager.

dividado, division.

nedividita, non-divisé.

divizi, division (milit.).

* **do**, donc.

dog, dogue.

dogm, dogme.

dogma, dogmatique.

doktor, docteur.

doktoreco, doctorat.

dokument, document.

dolar, dollar.

dolĉ, doux (au goût).

dolĉigi, adoucir.

dolor, faire mal à, causer de la douleur à (trans.).

dolora, douloureux.

dolorata, affligé.

doloriga, affligeant.

dolorigi, affliger.

dom, maison.

dometo, maisonnette.

domano, quelqu'un de la maison.

dome, à la maison.

domkovristo, couvreur.

domaĝ, dommage (chose fâcheuse).

domaĝe ou **estas domaĝo**, c'est dommage.

domen, domino (jeu et habit).

don, donner.

sindona, qui se donne, dévoué.

aldoni, ajouter.

eldoni, éditer.

plidono, enchère.

donac, faire cadeau, donner en présent.

donaco, cadeau.

dorlot, dorloter, choyer, gâter.

dorm, dormir.

dormeto, léger sommeil.

dormegi, dormir à poings fermés.

dormema, dormeur (qui aime à dormir).

maldormema, qui veille aisément.

sendormeco, insomnie.

maldormi, veiller.

ekdormi, s'endormir.

dormejo, dortoir.

dormoĉambro, chambre à coucher.

dorn, épine (piquant).

dors, dos.

dot, doter.

> **doto,** dot.

doz, dose (quantité d'un in-grédient).

drak, dragon (animal).

drakm, drachme (monnaie grecque).

dram, drame.

> **drama,** dramatique.
>
> **dramaŭtoro,** drama-turge.

drap, drap.

drapir, draper (revêtir de drap, d'étoffe).

draŝ, battre (le grain).

> **draŝilo,** fléau.

dres, dresser (un animal).

drink, boire, se livrer à la boisson.

> **drinkema,** buveur (de penchant).
>
> **drinkanto,** buveur (en train de boire).
>
> **drinkulo,** ivrogne.
>
> **drinkado,** ribote.
>
> **drinkejo,** cabaret.
>
> **drinkejmastro,** caba-retier.

drog, drogue.

> **drogisto,** droguiste.

dron, se noyer, couler à fond.

> **dronigi,** noyer, cou-ler.

* **du,** deux.

duo, duo et un deux (aux cartes).

duope, à deux.

duobla, double.

duobligi, doubler.

duigi, diviser en deux.

disduigi, bifurquer.

dusenca, amphibolo-gique.

dusencaĵo, amphibo-logie.

duulo, sosie.

dupunkto, deux points.

dunaskito, jumeau.

po duono, par moitié.

dualism, dualisme.

dualist, dualiste.

dub, douter.

> **senduba,** qui n'offre pas de doute.

duel, se battre en duel.

> **duelo,** duel.
>
> **duelisto,** duelliste.

duk, duc.

> **duklando,** duché.

dukat, ducat.

* **dum,** pendant, tandis que.

> **dume,** pendant ce temps, en attendant.

dung, louer, embaucher.

> **dungato,** (le) merce-naire.

dur, douro (monnaie espa-gnole).

E

e, marque tout adverbe dérivé. Ex. : *Bone,* bien; *saĝe,* sagement.

eben, égal (de même plan).

ebenaĵo, plaine.

ebenigi, aplanir.

ebl, possible, qui se peut... = able, ible, dans : *komprenebla,* compréhensible, *kredebla,* croyable.

ebligi, rendre possible, permettre.

eble, peut-être.

ebon, ébène,

ebri, ivre (physiquement ou moralement).

ebrieco, ivresse.

ebriigi, enivrer.

ebriiĝi, s'enivrer.

ebriulo, l'homme ivre.

ec, marque la qualité (abstr.). Ex. :*Bona,* bon, *boneco,* bonté; — *viro,* homme, *vireco,* virilité; — *infano,* enfant, *infaneco,* enfance.

eco, qualité (*bonne ou mauvaise*), manière d'être.

eca, qualitatif.

* **eĉ,** même(adv.),jusqu'à.

Eden, Eden.

edif, édifier (porter à la vertu).

edifa, édifiant.

eduk, éduquer, élever.

edukato, élève.

edukado, éducation (qu'on donne).

edukiteco, éducation (qu'on a reçue).

edukisto, éducateur.

edukejo, pension, institution.

edz, mari, époux.

edziĝo, mariage (cérémonie).

edzeco, mariage (état).

edziĝi, se marier (homme).

edziniĝi, se marier (femme).

edzigi, marier.

eksedziĝo, divorce.

eksedziĝinto, divorcé.

efekt, effet (impression sur le cœur, l'esprit).

·*fari efekton,* faire un effet, faire de l'effet.

efektiv, effectif.

efektive, effectivement.

efektivigi, réaliser.
efektiviĝi, se réaliser.
efik, être efficace, agir, produire son effet.
efiko, (l') action.
efikeco, (l') efficacité.
efikaĵo, (l') effet.
eg, marque le plus haut degré (mais n'est nulle-ment synonyme de *très*). Ex. : *Varma*, chaud, *varmega*, brûlant; — *granda*, grand, *grandega*, immense ; — *pluvo*, pluie, *pluvego*, averse, — *peti*, prier, *petegi*, supplier; *krii*, crier, *kriegi*, hurler.
treege, extrêmement, au plus haut point possible.
egal, égal (qui ne diffère pas).
egalaĵo, (une) égalité.
egaleco, égalité (état).
egalpezo, équilibre.
egalulo, (un) égal.
egali, égaler.
egaligi, égaliser.
Egid, Egide (myth.).
egipt, égyptien (adj.).
Egipto, (un) Egyptien.
Egiptujo, Egypte.
eglog, églogue.
egoism, égoïsme.
egoist, égoïste.

eĥ, écho.
ej, marque le lieu spé-cialement affecté à... Ex. : *Preĝi*, prier, *pre-ĝejo*, église; — *kuiri*, faire cuire, *kuirejo*, cuisine;—*ĉevalo*, che-val, *ĉevalejo*, écurie.
ek, indique une action qui commence ou qui est momentanée. Ex. : *kanti*, chanter, *ekkanti*, se mettre à chanter ;— *vidi*, voir, *ekvidi*, aper-cevoir ; — *krii*, crier, *ekkrii*, s'écrier. (Voir *Commentaire*, page 108, à Inchoatifs).
ekip, équiper.
ŝipekipisto, armateur (prof.).
ekipi ŝiparon, *armeon* équiper une flotte, une armée.
eklezi, église (société).
ekliptik, écliptique.
ekonomi, économie.
ekonomiisto, écono-miste (occup.).
ekonomiema, porté à l'économie.
eks, ex, ancien.
eksigi, destituer, ré-voquer.
eksiĝi, démissionner.
eksedziĝi, divorcer.

ekscelenc, excellence (titre).

ekscit, exciter.

ekscito, excitation (action).

eksciteco, excitation (état).

eksklusiv, exclusif.

ekskrement, excrément.

ekskurs, excursion.

eksped, expédier.

eksperiment, expérience (sc.).

eksperimenti, expérimenter.

ekspertiz, expertise.

ekspertizi, expertiser.

ekspertizisto, expert.

eksplod, faire explosion.

eksplodigi, déterminer l'explosion de.

ekspluat, exploiter (faire valoir).

eksport, exporter.

ekspozici, exposition.

* **ekster,** hors de, en dehors de, extérieur à.

ekstere, à l'extérieur.

ekstero, (l') extérieur.

eksterajo, (les) dehors.

eksterordinara, extraordinaire.

eksterm, exterminer.

ekstr, extra. (Un numéro de journal imprimé sur de la toile serait un numéro *eksterordinara*; un numéro publié en dehors des époques ou dates régulières serait un numéro *ekstra*).

ekstrakt, extrait (subs).

ekstrem, extrême.

ekvaci, équation.

ekvator, équateur.

ekvilibr, équilibre.

ekvilibristo, équilibriste.

ekvivalent, équivalent.

ekzamen, examiner, éprouver.

ekzantem, éruption (méd.).

ekzekut, exécuter (un condamné).

ekzem, eczéma.

ekzempl, exemple.

ekzempler, exemplaire (subs.).

ekzerc, exercer.

ekzil, exiler, bannir.

ekzist, exister.

ekzistajo, (un) être.

* **el,** de, d'entre, è-, ex-, marque l'extraction, la sortie. Ex. : *Iri*, aller, — *eliri*, aller hors de, sortir. — *Eljeti*, jeter hors de, rejeter. — *Elveni*, venir de, provenir. — *Elflui*, couler de, découler. — *Eltiri*, tirer de, extraire. — *Eliji*, sortir, se retirer de. — *Elturniĝema*, qui sait se tirer d'affaire, se retourner. — *Elspezi*, dépenser. — *Eldoni*, éditer.

Ce préfixe donne souvent au mot une idée de *parachèvement* : l'œuvre est tout à fait terminée, on l'a accomplie d'un bout à l'autre, on en sort. Ex. : *Lerni*, apprendre ; *ellerni*, apprendre à fond. — *Ellabori*, travailler à fond, achever.

elast, élastique (adj.).

elasteco, élasticité.

elefant, éléphant.

elefantosto, ivoire.

elegant, élégant.

elegi, élégie.

elekt, choisir.

elektr, électricité (force, fluide).

elektra, électrique.

elektreco, électricité (état, qualité).

elektrigi, électriser.

element, élément.

elementa, élémentaire.

elips, ellipse (math.).

elokvent, éloquent.

elokventeco, éloquence.

em, marque le penchant à..., l'habitude de... (Ce suffixe ne se soude qu'à des racines marquant l'action). Ex : *Babili*, babiller, *babilema*, babillard. — *Mensogi*, mentir, *mensogema*, menteur. — *Kredi*, croire, *kredemo*, crédulité. — *Sin gardi*, se garder, se préserver, *singardemo*, circonspection, prudence.

emajl, émail.

emajla, en émail.

emajli, émailler.

embaras, embarras.

embarasi, embarrasser.

malembarasi, débarrasser.

emblem, emblème, symbole.

embri, embryon.

embriigi, concevoir.

embriologi, embryologie.

embusk, embuscade.

emigraci, émigration.

eminent, éminent.

eminentulo, (un) personnage éminent.

eminentularo, (une) élite.

*'**en,** dans, en. Cette préposition joue le rôle de préfixe dans une multitude de mots. Ex. : *Iri,* aller, *eniri,* aller dans, entrer. — *Eniĝi,* se mettre dans, pénétrer. — *Enmeli,* mettre dans, insérer (dans une lettre, un paquet, etc.). — *Enpresi,* imprimer dans, insérer (dans un journal, un livre). — *Enhavi,* avoir en soi, contenir. *Envolvi,* envelopper. — *Enradiki,* enraciner. — *Enterigi,* inhumer, enterrer. — *Enkadrigi,* encadrer. — *Enspezi,* encaisser.

enciklopedi, encyclopédie.

endemi, endémie.

endemia, endémique.

energi, énergie.

senenergia, mou.

enigm, énigme.

enket, enquête.

enketi, enquêter, faire une enquête.

entomologi, entomologie.

entrepren, entreprendre, entreprise.

entreprenisto, entrepreneur.

entuziasm, enthousiasme.

entuziasma, enthousiaste.

entuziasmigi, enthousiasmer.

enu, s'ennuyer,

enuo, ennui.

enuiga, ennuyeux.

enuigi, ennuyer.

envi, envier.

enviema, envieux.

eparui, diocèse.

epidemi, épidémie.

epiderm, épiderme.

epifani, Épiphanie.

epigram, épigramme.

epikurism, épicurisme.

epikurist, (un)épicurien.

epilepsi, épilepsie.

epilepsiulo, épileptique.

epilog, épilogue.

episkop, évêque.

ĉefepiskopo, archevêque.

episkopejo, évêché-(local).

episkopeco, épiscopat.

epitaf, épitaphe.

epitet, épithète.

epitom, abrégé.

epizod, épisode.

epizooci, épizootie.

epok, époque.

epolet, épaulette.

epope, épopée.

  epopea, épique.

er, ramène à l'élément, à l'unité partielle. Ex.: *Sablo*, sable, *sablero*, grain de sable. — *Fajro*, feu, *fajrero*, étincelle. — *Mono*, argent, monnaie, *monero*, pièce de monnaie.

erar, errer (au propre et au figuré).

  eraro, erreur.

  erarajô, erreur (sens concret).

  erarlumo, feu-follet.

erik, bruyère (bot.).

  erikejo, bruyère (terrain).

erezipel, érésipèle.

erinac, hérisson.

ermen, hermine (la bête).

  ermenfelo, hermine (fourrure).

ermit, ermite, solitaire.

erotik, érotique.

erp, herser.

  erpilo, herse.

eŝafod, échafaud (du supplice).

escept, excepter.

escepto, exception.

esenc, essence (philos).

  esenca, essentiel.

eskadr, escadre.

eskarp, escarpe (fortif.)

ezofag, œsophage.

esper, espérer.

  malesperi, désespérer.

esplor, explorer, rechercher.

  esplorema, chercheur

  esploristo, explorateur.

esprim, exprimer.

  esprimo, expression.

est, être (v.).

  estajô, être (un être).

  estado, être (l'existence).

  estanteco, (le) présent.

  estinteco, (le) passé.

  estonteco, (l') avenir.

  ĉeesti, être présent.

  apudesti, être présent.

  ekzempleroj kunestantaj, exemplaires se tenant (philat.).

estetik, esthétique (nom et adj.).

estim, estimer.

  estiminda, estimable.

  malestimi, mépriser.

esting, éteindre.

  estingiĝi, s'éteindre.

estr, chef. Ex. : *Regno*, Etat, *regnestro*, chef

d'État. — *Lernejo*,
école, *lernejestro*,
maître d'école. — *Ofi-
cejo*, office, bureau;
oficejestro, chef de
bureau.

estraro, l'ensemble
des chefs, l'auto-
rité.

estrad, estrade.

et, marque la diminu-
tion, affaiblit le degré.
Ex. : *Knabo*, garçon,
knabeto, garçonnet. —
Varma, chaud, *var
meta*, tiède. — *Ridi*,
rire, *rideti*, sourire.

etaĝ, étage.

teretaĝo, rez-de-chaus-
sée.

interetaĝo, entresol.

etat, état (liste).

bienetato, cadastre.

etend, étendre.

etendebla, ductile,
extensible.

eter, éther.

etern, éternel.

eterneco, éternité.

je ou *por eterne*, pour
l'éternité.

etik éthique.

etiket, étiquette (cérémo-
nial, formule, etc.).

etimologi, étymologie.

etiologi, étiologie (méd.).

etnografi, ethnographie.

etnologi, ethnologie.

etologi, éthologie.

eŭdiometr, eudiomètre.

eŭdiometri, eudiomé-
trie.

Eŭkaristi, Eucharistie.

eŭnuk, eunuque.

eŭrop, européen (adj.).

Eŭropo, Europe.

Eŭropano, (un) Euro-
péen.

evangeli, évangile

evident, évident.

evidenteco, évidence.

evit, éviter.

evoluci, évolution.

ezok, brochet.

F

fab, fève.
fabel, conte.
fabl, fable.
  fablisto, fabuliste.

fabrik, fabrique.
  fabriki, fabriquer.
  fabrikanto, fabricant.
  fabrikado, fabrication.

facet, facette.
  faceti, facetter.
facil, facile.
  facilmova, agile.
  facilrompa, fragile.
faden, fil.
  metalfadeno, fil de métal.
fag, hêtre.
fajenc, faïence.
  fajenca, de faïence.
fajf, siffler.
  fajfilo, sifflet.
fajl, limer.
  fajlilo, lime.
fajr, feu.
  fajrero, étincelle.
  arta fajrajo, feu d'artifice.
fak, compartiment, case, rayon (d'une bibliothèque par exemple), branche (d'une science).
  fakaro, casier.
fakir, fakir.
faksimil, fac-similé.
fakt, fait.
faktor, commissionnaire.
faktur, facture.
fakultat, faculté (de droit, de médecine, etc.).
fal, tomber.
  falo, chute.
  faleti, broncher, trébucher.

akvofalo, chute d'eau.
kunfaliĝi, coïncider.
faletigaĵo, pierre d'achoppement.
falbal, falbala.
falc, faucher.
  falĉilo, faux.
fald, plier.
  malfaldi, déplier.
falk, faucon.
fals, falsifier, fausser.
  falsaĵo, (une) falsification.
  falsado, falsification.
  falsinto, falsificateur.
fam, bruit, voix publique.
famili, famille.
  familia, de famille, familier.
fanatik, fanatique (adj.).
  fanatikeco, fanatisme.
  fanatikulo, fanatique.
fand, fondre, faire fondre.
  fandejo, fonderie.
  fandaĵo, lingot.
  kunfandiĝo, union par fusion.
  kunfandaĵo, alliage.
fanfaron, faire parade de..., se faire gloire de.
fantazi, fantaisie, imagination.
fantom, spectre, fantôme.

far, faire.
  faro, faire, action.
  fariĝi, se faire, devenir, avoir lieu.
  fariĝo, événement.
  alfari, adapter.
  alfaro, adaptation.
  malfari, défaire.
  malbonfareco, malfai-
  sance.
faring, pharynx.
farm, affermer (prendre à
  ferme).
  farmulo, fermier.
farmaci, pharmacie
  (l'art).
  farmaciisto, pharma-
  cien.
fart, se porter (santé).
  farto, santé (l'état de).
farun, farine.
fask, faisceau, botte.
fason, façon (vêtement).
fast, jeûne.
  granda fasto, carême.
fatal, fatal.
  fatalo, fatalité.
fatalism, fatalisme.
faŭk, gueule (ouverture,
  orifice).
fav, teigne.
  fava, teigneux (adj.).
  favulo, (un) teigneux.
favor, favorable, pro-
  pice.
  favoro, faveur, grâce.

  malfavoro, disgrâce,
  défaveur.
  favori, favoriser.
faz, phase (astr.).
fazan, faisan.
  fazanejo, faisanderie.
fazeol, haricot.
febr, fièvre.
  febra, fiévreux (adj.).
  februlo, (un) fiévreux.
februar, février.
feĉ, lie.
feder, fédérer.
  federo, fédération (action).
  federa, fédératif.
federaci, fédération (état,
  corps confédéré).
federal, fédéral.
federalism, fédéralisme.
fein, fée.
fel, peau (d'une bête).
  felisto, fourreur.
  defelisto, équarris-
  seur.
  felsako, outre.
feliĉ, heureux.
  feliĉega, bienheureux
  (adj.).
  feliĉo, bonheur (en lui-
  même).
  feliĉeco, état de bonheur, jouissance du
  bonheur.
  feliĉego, béatitude (en
  elle-même).

feliĉegeco, état de béatitude, jouissance de la béatitude.

feliĉulo, (l') homme heureux.

feliĉegulo, (le) bienheureux.

felieton, feuilleton.

felt, feutre.

feminism, féminisme.

feminist, féministe (subs.)

feminista, féministe. (adj.).

femur, cuisse.

femurosto, fémur.

fend, fendre.

fendo, fente, crevasse,

fendeto, fêlure.

fendeti, fêler.

enfendo, entaille.

fenestr, fenêtre.

feniks, phénix (myth. et astr.).

fenkol, fenouil.

fenomen, phénomène.

fer, fer.

fera, en fer.

fervojo, chemin de fer.

fervoja stacio, station (de chemin de fer).

ferdek, pont (de bateau).

ferm, fermer.

malfermi, ouvrir.

malfermeti, entr'ouvrir.

enfermi, enfermer.

lic ĉi enfermita, ci-inclus.

ferment, fermenter.

fermentilo, ferment.

fervor, zèle, ferveur.

fervora, zélé, fervent.

fest, fêter, célébrer.

festen, banqueter.

festeno, festin.

feston, feston.

festona, festonné.

fetiĉ, fétiche.

fetiĉism, fétichisme.

fetiĉist, fétichiste.

feŭdal, féodal.

*fi! fi! pouah! foin!

fiakr, fiacre.

fianĉ, fiancé.

fianĉiĝi, se fiancer.

fianĉiĝo, fiançailles.

fianĉamiko, garçon d'honneur.

fiask, fiasco (échec).

fibr, fibre.

fibrin, fibrine (chimie).

fid, se fier (compter sur l'appui, la force de...)

fidebla, à qui ou à quoi on peut se fier.

memfido, confiance en soi-même.

tromemfida, outrecuidant.

fidel, fidèle.

fier, fier.

FIG — 37 — FIŜ

fig, figue.

figur, figurer (représenter ceci ou cela).

    figuro, image (naturelle).

    figurajo, image (représentation par dessin, peinture).

fiks, fixer.

    fiksa, fixe.

    fiksita, fixé.

    fikseco, fixité.

    fiksado, fixation.

    fiksilo, fixateur, valet (de menuisier).

fiktiv, fictif.

fil, fils.

    filigi, adopter (comme fils).

    bofilo, gendre.

    duonfilo, beau-fils (mais pas gendre).

    bofilino, bru.

    duonfilino, belle-fille.

filantrop, philanthrope.

    filantropeco, philanthropie.

filatel, philatélie.

    filatelisto, philatéliste.

fili, filiale, succursale.

filigran, filigrane.

filik, fougère.

filokser, phylloxera.

filologi, philologie.

filozof, philosophe.

filozofi, philosopher.

filozofi, philosophie.

filtr, filtrer, passer.

    filtrilo, filtre.

fin, finir (trans.).

    finiĝi, finir (intrans.).

    finveni, aboutir à.

financ, finance.

    financa, financier (adj).

    financisto, financier.

fingr, doigt.

    dika fingro, pouce.

    montra fingro, index.

    longa fingro, médius.

    ringa fingro, annulaire.

    malgranda fingro, petit doigt.

    fingringo, dé (à coudre).

finland, finlandais (adj.).

    Finlando, Finlande.

    Finlandano, (un) Finlandais.

Finn (o), (un) Finnois.

firm, ferme, consistant.

firm (o), maison de commerce.

fiŝ, poisson.

    fiŝisto, pisciculteur.

    fiŝkapti, pêcher.

    fiŝkaptisto, pêcheur (de profession).

    fiŝvendejo, poissonnerie.

    fiŝvendisto, poissonnier.

fiŝhoko, hameçon.
fiŝoleo, huile de poisson.
fisk, fisc.
fiska, fiscal.
fiske, fiscalement.
fistul, fistule, (méd.).
fizik, physique (sc.).
fizika, physique (adj.).
fiziologi, physiologie.
fizionomi, physionomie
(aspect particulier).
flag, pavillon (marine).
flam, flamme.
flama, en flammes,
ardent.
flami, flamber (in-
trans.).
ekflami, commencer
à flamber.
flameco, ardeur.
flamigi, enflammer.
flamiĝi, s'enflammer.
flamiĝema, inflam-
mable.
flan, flan.
flanel, flanelle.
flank, flanc, côté.
posta flanko, derrière.
antaŭa flanko, façade.
iri la flankon, se ran-
ger de côté.
flanken! de côté!
per flanko, par le
côté.
alflankiĝi, (al) accos-

ter (un navire, une
personne).
flar, flairer, sentir.
flat, flatter.
flatema, porté à flatter.
flatulo, (un) flatteur.
flatlogi, aduler.
flatfavorigi, ama-
douer.
flav, jaune.
flavruĝa, roux.
fleg, soigner (un malade).
flegisto, garde-malade.
flegm, flegme.
flegma, flegmatique.
fleks, fléchir, ployer.
flekso, flexion.
fleksebla, flexible.
genuflekso, génu-
flexion.
subfleksi, affaiser.
subfleksiĝo, action de
s'affaisser.
subfleksiteco, affais-
sement (état phys. ou
moral).
flik, rapiécer, raccom-
moder (en mettant des
pièces).
flirt, voltiger autour (au
propre et au figuré).
flok, flocon (de laine, soie,
neige, etc.).
flor, fleurir.
floro, fleur.

floreto, fleurette, fleuron.

florado, fleuraison, floraison.

floristo, fleuriste.

ekflori, s'épanouir.

florejo, jardin fleuriste.

florujo, récipient, vase à fleurs.

florvazo, vase de fleurs.

floren, florin.

flos, radeau, train (d'arbres).

flosi, faire flotter (du bois).

flu, couler.

fluo, (le) courant.

flua, fluide (adj.).

fluaja, fluide (sc.).

fluajaj korpoj, corps fluides.

fluajo, (un) fluide.

malfluajo, (un) solide.

malfluajaj korpoj, corps solides.

alfluo, flux.

forfluo, reflux.

enfluo, embouchure.

kunfluiĝo, confluent.

defluilo, rigole, chéneau.

elflui, déborder.

flug, voler (dans les airs).

forflugi, s'envoler.

flugilo, aile (oiseau).

senflugila, aptère.

flugilparto, aile (construction).

fluid, liquide (adj.).

fluidajo, liquide (subs.).

fluidigi, liquéfier.

fluidiĝi, se liquéfier.

flut, flûte.

foir, foire.

foj, fois.

foje, une fois, un jour (sans idée de nombre).

unufoje, *ou* **unu fojon,** une fois (en comptant).

unuafoje *ou* **unuan fojon,** une première fois.

iafoje, parfois.

kelkafoje, quelquefois, plusieurs fois.

multafoje, beaucoup de fois.

ĉiufoje... kiam, ĉiun fojon... kiam, toutes les fois que.

diversfoje, diverses fois, différentes fois.

per unu fojo, en une fois, d'un seul coup.

fojn, foin.

fojnejo, fenil.

fok, phoque.

fokus, foyer (optique, physique).

foli, feuille.

foliaro, feuillage.

trifolio, trèfle.

foliego, in-folio.

fond, fonder, établir.

   fondo, fondation, établissement (acte).

fonetik, phonétique (adj.).

fonograf, phonographe.

fonometr, phonomètre.

font, source. .

fontan, fontaine.

' for, loin (du lieu actuel). Ex. : *For de tie ĉi, fripono!* Loin d'ici, fripon!—C'est le « *away* » anglais, le « *fort* » allemand.

   Forporti, porter loin (du lieu actuel, ailleurs), emporter, enlever. — *Foriri*, aller loin, s'en aller. — *Forigi*, faire que cela soit loin, éloigner, écarter. — *Foriĝi*, se mettre loin, s'éloigner, se retirer, s'absenter.—*Forpreni*, ôter. — *Forkuri*, s'enfuir [en courant : bipèdes ou quadrupèdes]. — *Forflugi*, s'enfuir [en volant : oiseaux]. — *Fornaĝi*, s'enfuir [en nageant : poissons, animaux aquatiques].

   — *Forrampi*, s'enfuir [en rampant : reptiles]. — *Foresti*, être absent. — *Foreste*, par coutumace.

forpermesi, donner congé, congédier (permettre d'aller ailleurs).

foresto, -eco, absence.

forigebla, amovible.

forĝ, forger.

   kunforĝi, réunir ensemble en forgeant.

forges, oublier.

   forgeso, oubli.

   forgesema, oublieux.

   forgesemo, penchant à l'oubli.

fork, fourchette.

   forketo, petite fourchette.

   forkego, fourche.

form, forme.

   formi, former, donner une forme.

   formiĝi, se former.

   forma, relatif à la forme, de forme.

   rondforma, de forme ronde.

   fiŝforma, pisciforme.

   pirforma, piriforme.

   belforma, de belle forme.

   formado, action de

donner une forme.
reformi, réformer.
aliformigi, transformer.
aliformigo, transformation (qu'on fait subir).
aliformiĝi, se transformer.
aliformiĝo, tranformation (qu'on subit).
formal, formel.
formalaĵo, formalité.
format, format.
formik, fourmi.
formul, formule.
formuli, formuler.
forn, poêle, four, fourneau.
fort, fort.
perforto, violence.
perforti, faire violence, forcer.
fortepian, piano.
fortik, solide, robuste.
fortikigi, consolider.
fortikaĵo, forteresse.
fos, creuser (le sol), fouir.
fosilo, bêche.
subfosi, miner.
fosfor, phosphore.
fost, poteau, montant.
fotograf, photographier.
fotografado, (la) photographie.
fotografaĵo, (une) photographie (portrait).

fotografisto, photographe.
frag, fraise.
fragujo, fraisier.
fragment, fragment.
fragmente, par fragments.
fraj, frai (des poissons).
frak, frac (habit de cérémonie).
frakas, fracasser.
fraksen, frêne.
framason, franc-maçon.
framasonaro, franc-maçonnerie.
framb, framboise.
frambujo, framboisier.
franc, français (adj.).
Franco, (un) Français.
Francujo, France.
france, en français.
frand, avoir le goût des friandises.
frandema, porté aux friandises, friand.
frandaĵo, friandise (morceau fin, délicat).
franĝ, frange.
frangol, bourdaine.
frank, franc (pièce d'argent).
frap, frapper (donner un ou plusieurs coups à, sur quelqu'un, quelque chose).
frapo, frapado, frappement.

frapanta, f r a p p a n t (qui frappe, fait impression).

alfrapi, aborder (un navire).

frat, frère.

fratino, sœur.

frateco, fraternité.

fratiĝi, fraterniser.

duonfrato, demi-frère (fils de votre marâtre ou de votre parâtre).

fraŭl, homme célibataire.

fraŭlino, femme célibataire, demoiselle.

fraŭleco, célibat.

fraz, phrase.

ĉirkaŭfrazo, périphrase.

fregat, frégate.

fremd, étranger (adj.).

fremdulo (un) étranger.

fremdolando, pays étranger.

frenez, fou (adj.).

frenezulo, fou (subs.).

frenezeco, folie (état).

frenezaĵo, folie (acte, parole de fou).

freneziĝi, devenir fou.

frenezigi, rendre fou.

fresk, fresque.

freŝ, frais, récent.

freŝeco, f r a î c h e u r (sans aucune idée de froid).

refreŝigi, rafraîchir (remettre dans sa fraîcheur).

freŝe, récemment, naguère.

fring, pinson.

fringel, tarin (oiseau).

fripon, fripon, filou.

friponi, agir en fripon.

friponaĵisto, chevalier d'industrie.

frit, frire.

fritaĵo, (une) friture.

friz, friser (trans.).

fromaĝ, fromage.

fromaĝejo, fromagerie.

front, front (d'une armée).

fronti kontraŭ, affronter.

frost, gelée.

frosta, de gelée.

frosti, geler (trans.).

frostiĝi, geler (intrans.).

tremfrosto, frisson (de la fièvre. — Sensation de froid extrême accompagnée de tremblement).

frot, frotter.

defroti, ôter par frottement.

defrotaĵo, écorchure, éraflure.

fru, de bonne heure, tôt.

frua, qui arrive tôt, qui se produit tôt.

malfrua, tardif.

malfrueco, tardiveté.

malfrui, retarder, être en retard.

malfruiĝi, se mettre en retard.

malfruigi, retarder, mettre en retard.

frumatura, précoce.

trofrua, hâtif.

frumatene, de bon matin.

frugileg, freux, grolle.

frukt, fruit.

fruktigi, fertiliser.

fruktoporta, **fruktodona**, fertile.

senfrukta, stérile.

senfrukteco, stérilité.

fruktejo, verger.

fruktotenejo, fruiterie (où on les garde).

fruktobutiko, fruiterie (où en les vend).

fruktomanĝanta, frugivore.

frunt, front (du visage).

ftiz, phtisie.

ftizulo, (un) phtisique.

fug, fugue (mus.).

fuk, varech.

fulard, foulard (étoffe).

fulg, suie.

fulm, éclair.

fulmotondro, orage.

fulmo sentondra, éclair de chaleur.

fum, fumer (trans.).

fumiĝi, fumer (intrans.), dégager de la fumée.

fumo, fumée.

fumado, action de fumer (du tabac, de l'opium, etc.).

fumaĵi, fumer (les viandes, le poisson).

fumaĵiĝi, s'enfumer.

fumilaĵo, fumigatoire.

fund, fond.

surfundaĵo, effondrilles, dépôt.

fundament, fondement.

fundamenta, fondamental.

funebr, deuil.

funebra, funèbre, funéraire.

funel, entonnoir.

fung, champignon.

fungejo, champignonnière.

funkci, fonction.

funkciado, fonctionnement.

funkciadi, fonctionner.

funt, livre (poids).

furaĝ, fourrage.

furi, furie (myth.).

furioz, furieux, en fureur.

furiozi, faire rage, montrer sa fureur.

furiozo, fureur.

furiozeco, état de fureur.

furunk, furoncle, clou.

fuŝ, bousiller, faire mal quelque chose.

fusten, futaine.

fut, pied (mesure).

G, Ĝ

gad, morue.

gaj, gai.

  gaji, s'égayer.

  malgaji, s'assombrir.

  gajigi, égayer.

  gajiga, égayant.

  gajeco, gaîté.

  malgaja, sombre, morose.

  malgajeco, morosité.

gajl, noix de galle.

gajn, gagner.

  malgajni, perdre.

gal, bile.

galanteri, accessoire de toilette, de parure, d'ornement. Ex. : *Galanteria komercajo*, petit article de toilette, de parure, d'ornement.

galantin, galantine (charcuterie).

galeri, galerie.

galicism, gallicisme.

galon, galon.

galop, galoper.

  galope, au galop.

galoŝ, galoche.

galvan, galvanique.

  galvanigi, galvaniser.

galvanism, galvanisme.

galvanometr, galvanomètre.

galvanoplasti, galvanoplastie.

gam, gamme.

gamaŝ, guêtre.

gangli, ganglion (méd.).

  ganglia, ganglionnaire.

gangren, gangrène.

gant, gant.

  gantobutiko, ganterie (magasin de gants).

garanti, garantir (répondre de, être garant de).

  garantiajo, gage, nantissement.

  garantianto (le) garant.

  garantiulo, otage.

garb, gerbe.

gard, garder (veiller sur, préserver de).

gardanto, garde, gardien (d'occasion).

gardisto, garde, gardien (de profession).

ĉasgardisto, garde-chasse.

gardejo, corps de garde.

gardostaranto, sentinelle, factionnaire.

antaŭgardi, préserver.

antaŭgardo, préservation.

antaŭgarda, préservatif, prophylactique.

singardo, précaution.

singardemo, circonspection.

singardema, circonspect.

gardeni, gardénia.

ĝarden, jardin.

ĝardenlaborado, jardinage.

ĝardenkulturigo ou ĝardena kulturigo, horticulture.

gargar, rincer.

garnitur, garniture.

gas, gaz.

gasa, de gaz, gazeux.

gasforma, gazéiforme.

gasaj korpoj, corps gazeux.

gasometro, gazomètre.

gast, hôte (qui est reçu).

gasti, être logé à titre d'hôte, recevoir l'hospitalité.

gastado, séjour comme hôte.

gastama, hospitalier.

gastamo, hospitalité.

gastigi (iun), recevoir (qqn) comme hôte, donner l'hospitalité.

gastronom, gastronome.

gastronomi, gastronomie.

gaz, gaze.

gazel, gazelle.

gazelino, gazelle femelle.

gazet, gazette.

ge, réunit les deux sexes. Ex. : Patro, père, gepatroj, les parents (père et mère). — Gesinjoroj M., monsieur et madame M.

gehen, géhenne.

gelaten, gélatine.

ĝem, gémir.

ekĝemi, soupirer.

ĝen, gêner, incommoder.

sin ĝeni, se gêner.

senĝena, à l'aise.

senĝene, sans gène.

ĝendarmo, gendarme.

genealogi, généalogie.

general, général (chef militaire d'une armée, d'un
corps d'armée).

ĝeneral, général (qui concerne ou embrasse un en-
semble de personnes ou de
choses).

generaci, génération (la
descendance).

geni, génie.

genia, de génie, gé-
nial.

genitiv, génitif.

genot, raton (petit quadrupède voisin du blai-
reau).

gent, tribu.

samgentulo, (un) hom-
me de même tribu.

ĝentil, civil, courtois.

ĝentileco, civilité,
courtoisie.

genu, genou.

genuflekso, génu-
flexion.

geodezi, géodésie.

geognozi, géognosie.

geografi, géographie.

geologi, géologie.

geometri, géométrie.

gerani, géranium.

german, allemand (adj).

Germano, Allemand.

Germanujo, Allema-
gne.

ĝerm, germe.

ĝermi, germer.

gerundi, gérondif.

gest, geste.

* ĝi, il, elle, cela.

ĝia, son, sa.

ĝib, bosse.

ĝiba, bossu (adj.).

ĝibulo, (un) bossu.

giĉet, guichet.

gild, corporation.

gilotin, guillotine.

gimnazi, gymnase (col-
lège).

gimnastik, gymastique.

gimnastikejo, gym-
nase (local de gymnas-
tique).

gimnastikisto, gym-
naste.

ĝin, gin (liqueur spirit.).

gine, guinée (monnaie).

ĝinece, gynécée.

gips, plâtre.

giraf, girafe.

girland, guirlande.

* ĝis, jusqu'à, jusqu'à ce
que.

gitar, guitare.

glaci, glace (eau conge-
lée).

glaciaĵo, glace (crème,
sirop congelés).

glaciaĵisto, glacier

(commerçant de crèmes, de sirops congelés).

glacivendisto, m a r -chand de glace.

glacitenejo, glacière.

glaciigi, glacer (conver-tir en glace).

glaciumi, glacer (don-ner le poli de la glace).

glacierego, glaçon.

glaciejo, glacier (amas permanent de glace dans certaines montagnes).

glad, repasser (du linge).

gladilo, fer (à repasser).

gladistino, repasseuse.

gladiator, gladiateur.

glan, gland (du chêne).

gland, glande.

glas, verre (à boire).

glat, uni, lisse.

glatigi, rendre uni, lisser.

malglata, raboteux, rugueux.

malglatajo, (une) aspé-rité, (une) rugosité.

glav, glaive, épée.

glavingo, f o u r r e a u (d'épée).

glazur, vernis (à poterie).

glicerin, glycérine.

gliciriz, réglisse.

glikoz glucose.

glim, mica.

glit, glisser.

glitiga, glissant.

glitumi, patiner.

glitejo, glissoire.

glitilo, patin,

glitveturilo, traîneau.

glob, globe, boule.

globa, globulaire.

globeto, globule.

globeta, globuleux.

glor, glorifier, célébrer.

esti glora, être glori-fié, célébré.

gloro, gloire, célé-brité.

glora, qu'on glorifie, qu'on célèbre.

malgloro, ignominie, infamie.

malglora, i g n o m i -nieux, infâme.

glu, coller.

algluiĝi, se coller à.

kungluiĝi, se coller ensemble.

gluo, colle.

gluado, collage.

malglui, décoller.

glut, avaler, engloutir.

engluti, engloutir en soi.

gnom, gnome (myth.).

gnomon, gnomon (astr.).

gobi, goujon.

ĝoj, se réjouir.

malĝoji, s'attrister, s'affliger.

estimalĝoja, être triste, être affligé.

malĝojigi, attrister, affliger.

golet, goélette.

golf, golfe.

  golfeto, baie.

gondol, gondole.

  gondolisto, gondolier.

gonore, gonorrhée.

gorĝ, gorge, gosier.

graci, harmonieux de proportions, de structure. (Sens différent de *gracieux*).

  gracieco, harmonie de proportions, de structure. (Sens différent de *grâce*).

  malgracia, antiharmonieux de proportions, de structure.

grad, degré.

  gradeco, gradation.

  gradigi, graduer.

  gradigo, graduation.

  grade, graduellement.

graf, comte.

  grafino, comtesse.

  graflando, comté.

grafit, graphite, mine de plomb.

grajn, grain, pépin.

gram, gramme.

gramatik, grammaire.

granat, grenade (fruit).

  granatujo, grenadier.

grand, grand.

  grandigi, grandir (trans.).

  pligrandigi, agrandir.

  pligrandigo, agrandissement (qu'on fait subir).

  grandiĝi, grandir (intrans.), devenir grand.

  pligrandiĝi, s'agrandir.

  pligrandiĝo, agrandissement (qu'on subit).

  grandanima, magnanime.

  grandeco, grandeur.

  malgrandigi, rendre petit.

  plimalgrandigi, rendre plus petit.

  malgrandaĵo, bagatelle, vétille.

  pogrande, en gros.

  pomalgrande, en détail.

  pomalgranda, acheté ou vendu au détail.

  grandegulo (un) géant.

  malgrandega, tout petit.

  malgrandegulo, (un) nain.

trograndigi, exagérer.

trograndigo, exagération.

grandare, en grande troupe.

spacgrandeco, aire (géom.)

grandioz, grandiose.

granit, granit.

gras, graisse.

grasa, gras.

grasigi, engraisser (trans.).

grasiĝi, engraisser (intrans.).

grasega, obèse.

malgrasa, maigre.

malgraseco, maigreur.

malgrasiĝi, maigrir.

malgrasiĝo, amaigrissement.

malgrasega, décharné.

grat, gratter.

gratul, féliciter.

gratulo, félicitation.

gratulado, félicitations.

grav, grave, important.

graveco, importance, gravité.

graved, grosse, enceinte.

gravediĝi, concevoir.

gravur, graver.

gravurilo, burin.

gravuristo, graveur.

gravuro, gravure (sillon fait en gravant).

gravuraĵo, gravure (estampe).

grek, grec (adj.).

Greko, Grec (subs.).

Grekujo, Grèce.

gren, blé.

grenujo, coffre à blé.

grenejo, grenier (à blé).

grenad, grenade (milit.).

gri, gruau.

grifel, crayon d'ardoise.

gril, grillon, cri-cri.

grimac, grimace.

grimaca, grimaçant.

grimaci, grimacer.

grimp, grimper.

grimpiga, grimpant.

grinc, grincer (intrans.).

grincigi, faire grincer.

grincigi la dentojn, grincer des dents.

grip, grippe.

griz, gris.

grizhara, à cheveux gris.

grizbarba, à barbe grise.

gros, groseille à maquereau.

grot, grotte.

grotesk, grotesque.

gru, grue (oiseau).

grum, groom.

grup, groupe.

4

grupigi, grouper, mettre en groupe.

ĝu, (trans.) jouir de, savourer.

guberni, gouvernement (division de pays).

gudr, goudron.

  gudri, goudronner.

guf, grand-duc (oiseau).

gum, gomme.

  gumi, gommer.

gurd, orgue de Barbarie.

gust, goût (propre et fig).

  bongusta, de bon goût, savoureux.

  sengusta, insipide.

  brulgusta, qui a goût de brûlé.

  gustumi, goûter (percevoir la saveur pour apprécier).

  gustumado, goût (le sens du goût).

ĝust, juste, exact.

  alĝustigi, ajuster.

  ĝuste alfarita, bien adapté.

ĝusteco, justesse, exactitude.

ĝustigilo, ajustoir, trébuchet (balance).

ĝustatempe, à temps, à propos.

gut, tomber goutte à goutte, dégoutter.

  guteti, tomber à petites gouttes.

  guto, goutte.

  gutado, action de dégoutter.

guvern, gouverner (des enfants) par l'éducation.

  guvernisto, gouverneur, précepteur.

  guvernistino, gouvernante, institutrice.

gvardi, (la) garde (troupe).

gvid, guider.

  gvidanto, guide (d'occasion).

  gvidisto, guide (de profession).

  gvidilo, guidon.

H, Ĥ

* **Ha**, ah! ha!

hajl, grêle.

  hajli, grêler. *Hajlas*, il grêle.

hajduk, heiduque (fantassin hongrois).

hak, couper à la hache.

  hakilo, hache.

ĉirkaŭhaki, tailler à la hache.

trahaki, couper en deux à la hache.

dehaki, abattre en coupant à la hache.

hal, halle.

haladz, exhalaison mauvaise.

haladzi, dégager des exhalaisons mauvaises.

enhaladziĝi, ressentir les effets d'exhalaisons mauvaises.

enhaladzita, axphyxié par des exhalaisons mauvaises.

halebard, hallebarde.

halt, s'arrêter.

haltigi, arrêter.

halto, arrêt, halte.

haltu! halte! (arrêtez-vous).

haltigilo, frein (mécan.).

halter, haltère.

halucinaci, hallucination.

ĥameleon, caméléon.

ĥamstr, hamster.

ĥaos, chaos.

har, cheveu, poil.

okulharoj, cils.

lipharoj, moustaches.

vangharoj, favoris.

kolharoj, crinière.

haraja, velu.

senhara, chauve.

senhareco, calvitie.

senharaĵo, (une) place chauve.

senharulo, homme chauve.

senhariĝi, devenir chauve.

harligo, tresse de cheveux.

harego, soie (du sanglier, du porc, etc.), crin. *Starigi la haregojn*, hérisser son poil.

hararanĝo, coiffure.

hard, endurcir (contre la fatigue, la souffrance, etc.).

hardita, endurci.

harem, harem.

haring, hareng.

harmoni, harmonie (au propre et au figuré).

harmonia, harmonieux.

harmonik, harmonika.

Haron, Charon (myth.).

harp, harpe.

harpisto, harpiste.

Harpi, Harpie (Myth.).

harpun, harpon (pêche).

haruspeks, aruspice.

haŭt, peau.

senhaŭtigi, écorcher.

hav, avoir (v.).

havo, avoir, bien.

havigi, pourvoir, procurer.

enhavi, contenir, renfermer.

enhaveco, contenance, capacité.

senenhava, vide.

la tuta enhavo de afero, les tenants et aboutissants d'une affaire.

haven, port, havre.

hazard, hasard.

** **he**, hé! holà!

hebre, juif (adj.).

Hebreo, Juif (subs.).

hebreism, hébraïsme.

heder, lierre.

hejm, le foyer domestique, le chez-soi.

hejma, du foyer domestique, du chez-soi.

hejme, chez soi (on y est).

hejmen, chez soi (on y va).

hejt, chauffer (un poêle, un four, un local, etc.).

hejtiĝi, se chauffer. (en parlant d'un poêle, d'un four, etc.).

hejtado, chauffage.

hejtisto, chauffeur.

heksametr, hexamètre.

hektar, hectare,

hektogram, hectogramme.

hektolitr, hectolitre.

hektometr, hectomètre.

hel, clair, lumineux.

malhela, sombre, obscur.

heliĝi, s'éclaircir (au point de vue de la lumière).

malheliĝi, s'assombrir.

helenism, hellénisme.

helenist, helléniste.

helik, escargot.

helikaĵo, hélice.

heliotrop, héliotrope.

help, aider, secourir.

helpo, aide, secours.

helpanto, (un) aide, (un) auxiliaire.

helpa, d'aide, de secours.

helpema, secourable.

malhelpi, entraver, déranger.

malhelpo, entrave, obstacle.

hunhelpi, coopérer.

kunhelpanto, coopérateur.

ĥemi, chimie.

hemorojd, hémorroïde.

hepat, foie.

hepata, hépatique.

heraldik, science héraldique.

herb, herbe.
  herbaro, herbier.
  herbejo, prairie.
  paŝtherbejo, pré.
  herbomanĝanta, herbivore.

hered, (trans.) hériter.
  heredanto, héritier.
  heredo, héritage.

herez, hérésie.
  herezulo, hérésiarque.
  herezisto, (un) hérétique.
  hereza, hérétique.

hermafrodit, (un) hermaphrodite.

herni, hernie.

hero, héros.
  heroaĵo, acte héroïque.
  heroeco, héroïsme.

herold, hérault.

hiacint, hyacinthe.

hidr, hydre.

hidrarg, mercure.

hidraŭlik, (l') hydraulique.

hidrogen, hydrogène.

hidrometri, hydrométrie.

hidrostatik, (l') hydrostatique.

hidroterapi, hydrothérapie.

hien, hyène.

hierarĥi, hiérarchie.

*__hieraŭ__, hier.
  antaŭhieraŭ, avant-hier.

hieroglif, hiéroglyphe.

higien, hygiène.

higrometr, hygromètre.

higrometri, hygrométrie.

ĥimer, chimère.

himn, hymne.

hind, hindou.

hiperbol, h y p e r b o l e (math.).

hipnot, hypnose.
  hipnota, hypnotique.
  hipnoteco, état hypnotique.
  hipnotigi, hypnotiser.
  hipnotiganto, hypnotiseur (d'occasion).
  hipnotigisto, hypnotiseur (de profession).
  hipnotigato, s u j e t qu'on hypnotise.

hipnotism, hypnotisme.

hipodrom, hippodrome.

hipoĥondri, hypocondrie.

hipokrit, faire l'hypocrite, feindre hypocritement.
  hipokrita, hypocrite.
  hipokritulo, (un) hypocrite.

hipopotam, hippopo-tame.

hipotenuz, hypoténuse.

hipotez, hypothèse.

hirud, sangsue.

hirund, hirondelle.

hirurgi, chirurgie.

hirurgiisto, chirur-gien.

subĥirurgiisto, aide-chirurgien.

hiskiam, jusquiame.

hisop, hysope.

histerik, hystérie.

histerika, hystérique (adj.).

histerikulo, (un) hys-térique.

histori, histoire.

historiskribanto, his-torien.

histrik, porc-épic.

histrion, histrion, bala-din de foire.

* **ho!** oh! ho!

hoboj, hautbois.

* **hodiaŭ,** aujourd'hui.

hok, croc, crochet.

pordhoko, gond.

fiŝhoko, hameçon.

hokfadeno, ligne.

holand, hollandais.

Holando, Hollande.

Holandano, (un) Hol-landais.

holer, choléra.

hom, homme (espèce).

homaro, humanité (col-lection des humains).

homa, humain (qui ca-ractérise l'homme, lui appartient).

senhoma, dépeuplé.

senhomigi, dépeupler.

alhomigi, apprivoiser.

kvazaŭhomo, épou-vantail en forme d'homme.

homamulo, (un) phil-anthrope.

homevitulo, (un) mis-anthrope.

homeopati, homéopa-thie.

honest, honnête.

malhonesteco, mal-honnêteté (qualité).

malhonestaĵo, (une) malhonnêteté (un acte, un procédé malhon-nête).

honor, honorer.

honoro, honneur.

honora, d'honneur.

honorebla, qu'on peut honorer.

honorinda, honorable (digne d'honneur).

honorindeco, honora-bilité.

malhonori, déshono-rer.

malhonoro, déshon- neur.

malhonora, déshono- rant.

honorama, qui aime les honneurs.

senhonora, qui man- que d'honneur.

per mia honoro, sur mon honneur, sur l'honneur.

por la honoro de... en l'honneur de...

hont, avoir honte.

honto, honte.

honta, de honte.

hontinda, digne de honte.

hontigi, faire honte à.

hontiga, honteux (qui cause de la honte).

hontanta, honteux (qui éprouve de la honte).

senhonta, qui n'a pas de honte, éhonté.

hontemo, pudeur.

hontema, pudique.

hor, heure.

horoskop, horoscope.

ĥor, chœur.

horejo, (l') endroit où se tient le chœur, (le) lutrin.

ĥoristo, choriste.

horde, orge.

horizont, horizon.

horizontal, horizontal.

horloĝ, horloge.

poŝhorloĝo, montre.

horloĝisto, horloger.

hortensi, hortensia.

hortulan, ortolan.

hospital, hôpital.

hosti, hostie.

hotel, hôtel.

hotelmastro, hôtelier.

huf, sabot (enveloppe cor- née qui entoure le pied des ruminants, etc.).

human, qui a de l'hu- manité, humain (qui montre de la sympathie pour les hommes).

humaneco, humanité.

nehumana, inhumain.

humer, humérus.

humil, humble.

humilega, vil, ram- pant.

malhumila, orgueil- leux.

humiligi, humilier.

humor, humeur (carac- tère).

humoraĵo, mot, trait humoristique.

humoraĵa, humoris- tique.

hund, chien (espèce).

hundino, chienne.

hundo-viro, chien mâle.

hundeto, petit chien (par la taille).

hundineto, petite chienne (par la taille).

hundido, petit chien (par l'âge).

hundidino, petite chienne (par l'âge).

hundejo, chenil.

hundisto, valet de chiens.

ĉashundo, chien de chasse.

halthundo, chien d'arrêt.

kurhundo, chien courant.

hundherbo, chiendent.

*__hura__! hourra!

husar, hussard.

huz, grand esturgeon.

I

i, marque l'infinitif. Ex.: *Laŭdi*, louer.

*__ia__, quelconque, quelque.

*__ial__, pour une raison quelconque.

*__iam__, jamais, un jour. Ex. : *Se mi iam...* si jamais je..., si un jour je...

ibis, ibis.

id, enfant de, descendant de. Ex. : *bovo*, bœuf, *bovido*, veau. — *Izraelo*, Israël, *Izraelido*, Israélite.

idaro, postérité, descendance (l'ensemble des descendants).

ide, idée.

ideal, idéal (subs.).

ideala, idéal (adj.).

idealism, idéalisme (philos.).

idealist, idéaliste.

ident, identique.

identigi, identifier.

ideografi, idéographie.

idili, idylle.

idiom, idiome.

idiot, idiot (subs.).

idiotism, idiotisme.

idol, idole.

idolisto, idolâtre.

idolkult, idolâtrie.

*__ie__, quelque part.

*__iel__, d'une manière quelconque.

*__ies__, de quelqu'un, à

quelqu'un (qui appartient à quelqu'un).

ig, faire..., rendre... Ex. : *Pura*, pur, propre, *purigi*, purifier, nettoyer. — *Morti*. mourir, *mortigi*, faire. mourir, tuer.

igi, soudé à l'élément voulu, rend en un seul mot les expressions françaises composées du verbe faire et d'un infinitif. Ex : *venigi*, *sciigi*, *kredigi*, *konstruigi*, *elpeligi*, etc., etc., faire venir, faire savoir ou informer, faire croire, faire construire, faire expulser etc., etc. Tous ces verbes esperanto et tous ceux que nous avons vus plus haut donnent des substantifs. Ex. : *venigo*, action de faire venir; *sciigo*, action de faire savoir, d'informer, information, etc., etc.

igi, employé isolément, signifie *faire*. Ex. : *Tiu ĉi bezono igas sin senti tre forte*, ce besoin se fait sentir très fortement. — *Iyu lin aboni*

la gazeton, faites qu'il s'abonne au journal-

aligi al, affecter à, attribuer à.

enigi en, faire entrer, faire pénétrer dans.

eligi el, faire sortir de.

eksigi, destituer, révoquer.

internigi, enfoncer, inculquer.

kunigi kun, unir avec. joindre avec.

disigi, désunir, séparer.

forigi, écarter, éloigner.

senigi je, dépouiller de (enlever à).

reigi, rétablir (ce qui a été détruit ou supprimé).

aliigi, rendre autre, changer.

surigi, asseoir (poser qqch. sur sa base).

starigi, mettre debout, dresser.

aliformigi, transformer.

alformigo, transformation (qu'on fait subir).

enterigi, enterrer.

enkadrigi, encadrer.

iĝ, se faire (être fait)....

devenir.... Ex. : *Pala*, pâle, *paliĝi*, pâlir (devenir pâle). — *Maljuna*, vieux, *maljuniĝi*, vieillir (devenir vieux). — *Fluida*, liquide, *fluidiĝi*, se liquéfier (devenir liquide). — *Riĉa*, riche, *riĉiĝi*, s'enrichir (devenir riche).

Avec le suffixe *iĝ* le verbe implique toujours pour son sujet, et le subtantif, pour son possesseur ou son complément, l'idée de se faire (d'être faits), de devenir tels ou tels. Ainsi dans *la suno leviĝas*, le soleil se lève — *nia kuŝiĝo*, notre coucher — *la glacio fluidiĝas*, la glace se liquéfie, se fond, ou *la fluidiĝo de l'glacio*, la fonte de la glace, — les sujets soleil et glace aussi bien que le possesseur nous (*nia*, à nous, de nous) et le complément glace (la fonte de la glace) font l'action de se lever, de se coucher, de se fondre ou plus exactement, car ils n'agissent pas sur eux-mêmes, ils deviennent levé, couchés, fondue.

aliĝi al, adhérer à (s'attacher à une opinion, à un parti, une société, *devenir à eux*).

eniĝi en, pénétrer dans.

eliĝi el, sortir de.

eksiĝi, démissionner.

interniĝi, s'enfoncer.

kuniĝi kun, s'unir, se joindre avec.

kuniĝo, jonction.

disiĝi, se désunir, se séparer.

sendisiĝa, inséparable.

foriĝi, se retirer, s'écarter, s'éloigner.

aliiĝi, devenir autre.

aliformiĝi, se transformer.

aliformiĝo, transformation (qu'on subit).

stariĝi, se mettre debout, se lever.

enteriĝi, être enterré (devenir enterré).

enkadriĝi, être encadré (devenir encadré).

fariĝi, devenir (littéralement devenir fait, être fait), avoir lieu.

sciiĝi, apprendre [une

nouvelle] (devenir informé). Il vaut mieux employer *ekscii* pour rendre cette idée.

rompiĝi, se casser (devenir cassé).

sidiĝi, s'asseoir (devenir assis).

troviĝi, se trouver (devenir trouvé).

konstruiĝi, se construire.

konatiĝi kun, faire connaissance avec.

iĥtiokol, colle de poisson, ichtyocolle.

il, instrument. Ex. : *Tondi*, tondre, *tondilo*, ciseaux. — *Kombi*, peigner, *kombilo*, peigne. — *Tranĉi*, trancher, *tranĉilo*, couteau. — *Paﬁ*, tirer, faire feu, *paﬁlo*, fusil.

ileks, houx.

'ili, ils, elles, eux.

ilia, leur, le leur, la leur.

ilumin, illuminer (des monuments, des maisons).

iluminaci, illumination.

ilustr, illustrer (enluminer).

ilustraĵo, illustration (chose illustrée).

iluzi, illusion.

imag, imaginer, s'imaginer.

imit, imiter.

imitaĵo, (une) chose imitée.

imperi, empire (État).

imperia, impérial.

imperiestro, empereur.

imperial, impériale (de voiture).

impon, (en) imposer.

import, importer, importation.

impost, impôt, redevance.

limimposto, droit de douane.

limimpostejo, douane.

impres, impression (ressentie), impressionner.

improviz, improviser.

implik, empêtrer, impliquer.

in, marque le féminin. Ex. : *Ĉevalo*, cheval, *ĉevalino*, jument; — *sinjoro*, monsieur, *sinjorino*, madame; — *patro*, père, *patrino*, mère.

ino, femelle.

incit, irriter.

inciteti, agacer.

incitegi, exaspérer.

ind, qui mérite, est digne de. Ex. : *Laŭdi*, louer,

laŭdinda, louable (digne de louanges). — *Honoro*, honneur, *honorinda*, honorable (digne d'honneur), *honorindeco*, honorabilité. — *Ridinda*, risible.

esti inda je... être digne de...

indo, mérite, valeur.

indeco, état de mérite, de valeur.

malinda je, indigne de

indiferent, indifférent.

indiĝen, (un) indigène.

indign, être indigné.

individu, individu.

individue, individuellement.

indulg, épargner (traiter avec ménagement).

indulgo, ménagement.

industri, industrie.

industria, industriel (adj.).

industriisto, industriel (subs.).

infan, enfant.

infana, infantile, puéril.

infaneco, enfance (période de la vie).

infanaro, enfance (l'ensemble des enfants).

infanaĵo, enfantillage.

infanteri, infanterie.

infanteriano, fantassin.

infekt, infecter (imprégner de germes malfaisants).

infekta, infectieux.

infektado, infection (action d'infecter).

infer, enfer.

infera, infernal.

influ, influer (exercer une action qui modifie).

influo, influence (action exercée sur...).

inform, informer, renseigner (sur ceci ou cela).

informo, information, renseignement.

informiĝi, s'informer, s'enquérir, se renseigner.

informiĝo, action de s'informer, de s'enquérir.

infuz, faire infuser (verser sur une substance de l'eau ou un autre liquide bouillant).

infuzo, infusion (action de faire infuser).

infuzaĵo, infusion (breuvage résultant de l'infusion).

ing, marque l'objet dans lequel se met ou mieux s'introduit....Ex.: *Kandelo*, chandelle, *kande-*

lingo, chandelier; — *plumo*, plume, *plumingo*, porte-plume.

ingo, étui, fourreau.

inĝenier, ingénieur.

ingven, aine.

iniciat, prendre l'initiative de.

iniciativ, initiative.

iniciator, celui qui prend l'initiative d'une entreprise.

ink, encre.

  inkujo, encrier.

inklin, enclin.

  inklino, inclination, (dans le sens de) propension.

  inklinigi, incliner (disposer à se porter vers qqch.).

  inkliniĝi, incliner (se sentir porté vers qqch. ou qqn).

  korinklino, affection.

  havi korinklinon al, avoir de l'affection pour.

inkvizici, inquisition.

inkvizitor, inquisiteur (ecclés.).

inokul, inoculer.

insekt, insecte.

insid, tendre des pièges, dresser des embûches.

insido, embûche, piège.

insida, insidieux.

insign(o), armoiries, armes.

insist, insister.

inspekt, inspecter.

inspektor, inspecteur.

inspir, inspirer, suggérer.

instanc, instance (droit).

instig, instiguer, pousser à.

instinkt, instinct.

  instinkta, instinctif.

instituci, institution (chose établie).

institut, institut.

instru, instruire, enseigner.

  instrua, d'instruction, instructif.

  instruado, instruction, enseignement (action d'instruire).

  instruiteco, instruction (savoir possédé).

  instruanto, maître, pédagogue (d'occasion).

  instruisto, maître, pédagogue (profession).

instrukci, instructions (indications, marche donnée pour une chose à faire).

instrument, instrument.

blovinstrumento, instrument à vent.

kordinstrumento, instrument à cordes.

insul, île.

insulano, (un) insulaire.

insularo, archipel.

insult, injurier, insulter.

insulto, injure, insulte.

insultego, avanie.

publika insulto, injure, insulte publique, affront.

int, marque le participe passé du verbe actif. Ex.:*Fari*, faire, *farinta*, ayant fait, qui a fait; *farinte*, ayant fait, après avoir fait.

integral, intégral (math.).

intelekt, intellect (faculté de concevoir).

intelekta, intellectif.

inteligent, intelligent.

inteligento, intelligence (faculté).

inteligenteco, intelligence (qualité).

intenc, se proposer de, avoir l'intention de.

intenco, intention, dessein.

intenca, intentionnel.

ekintenci, former le dessein de.

senintence, sans intention.

malbonintenci, avoir de mauvais desseins.

intendant, intendant.

inter, entre, parmi, au milieu de. (Ne peut servir que s'il y a au moins *deux* choses ou *deux* êtres).

interligo, alliance.

interrego, interrègne.

interlinio, interligne.

interspaco, distance, intervalle (d'espace).

intertempo, intervalle (de temps).

interhelpo, entremise.

interrilato, relation, rapport (d'affection ou d'intérêt entre les personnes).

interrompo, interruption.

intersânĝi, échanger.

intersânĝo, échange.

interparoli, s'entretenir (converser entre soi).

interkonsenti, convenir.

interkonsento, convention (réciproque).

internacia, international.

internacieco, internationalité.

interes, intéresser, inspirer de l'intérêt.

intereso, intérêt (ce qui vous touche).

interesa, intéressant.

interesiĝi je, prendre intérêt à, s'intéresser à.

interjekci, interjection.

intermit, se produire avec intermittence.

intermita, intermittant.

intern, intérieur, interne.

interne, intérieurement, en dedans.

interno, intérieur (l'espace compris entre les limites d'un corps).

internaĵo, ce qui est dans l'intérieur.

internulo, (un) interne.

internuleco, internat.

internigi, enfoncer, inculquer.

interniĝi, s'enfoncer.

el interne, de dedans.

elpreni la internaĵon, vider (un poisson, un poulet).

interpunkci, ponctuation.

intest, intestin.

intim, intime.

intimeco, intimité.

intimulo, (un) intime.

intrig, intriguer.

intrigo, intrigue, menée.

intrigema, porté à l'intrigue.

intrigulo, (un) intrigant.

inversi, inversion.

investitur, investiture.

invit, inviter, convier (prier de venir, de prendre part à...).

* **io**, quelque chose.

* **iom**, un peu, quelque peu. Ex. : *Li estas iom instruita*, il est un peu, quelque peu instruit. — *Donu al mi iom da vino*, donnez-moi un peu de vin.

ir, aller.

deiri, s'en aller de.

foriri, partir.

ekiri, se mettre en route.

aliri, aborder.

suriri, s'élever sur, monter sur.

eniri, entrer.

eliri, sortir.

preteriri, dépasser (aller plus loin que).

trairi, traverser.

trairejo, passage (lieu affecté au passage).

transiri, franchir (passer au delà).

transiro, transition.

subiri, se coucher (les astres).

antaŭiri, précéder.

irado, marche, allure (fonctionnement).

iriloj, échasses.

irid, iris (bot.).

iris, iris (anat.).

ironi, ironie.

ironia, ironique.

Irland, Irlande.

Irlandano, (un) Irlandais.

is, marque le passé. Ex. : *Fari*, faire, *mi faris*, j'ai fait, je fis, je faisais. (Voir le *Com-*

mentaire, page 39.)

Island, Islande.

islanda, islandais (adj.).

Islandano, (un) Islandais.

ist, marque la profession. Ex. : *Boto*, botte, *botisto*, bottier, cordonnier. — *Pordo*, porte, *pordisto*, portier, concierge. — *Maro* mer, *maristo*, marin.

it, marque le participe passé passif. Ex. : *Fari*, faire, *farita*, fait (qu'on a fait), ayant été fait.

ital, italien (adj.).

Italo, (un) Italien.

Italujo, Italie.

* iu, quelqu'un.

izol, isoler.

izolo, isolement (acte).

izoleco, isolement (état).

J, Ĵ

j, marque le pluriel. Ex. : *Homo*, homme, *homoj*, hommes. — *Bona*, bon, *bonaj*, bons.

* ja, de fait, donc.

jaguar, jaguar.

jak, veste.

jaketo, veston.

ĵaket, jaquette.

ĵaluz, jaloux.

ĵaluzo, jalousie.

ĵaluzeco, état de jalousie.

ĵaluzema, enclin à la jalousie.

esti ĵaluza, être jaloux.

* jam, déjà.

jam... ne, ne... plus. Ex. : *ŝi jam ne ploras*, elle ne pleure plus.

januar, janvier.

jar, année.

centjaro, siècle.

miljaro, millénaire.

jarlibro, annuaire.

ĉiujara, annuel.

superjaro, année bissextile (année *supérieure* aux autres en nombre de jours).

jasmen, jasmin.

jaŭd, jeudi.

* je, se traduit par différentes prépositions aisément suggérées par le contexte. (Voir la règle 14 de la Grammaire.)

* jen, voici, voilà; voici que, voilà que.

jen... jen, tantôt... tantôt.

jeno, ce qui suit (ce qui va suivre).

jena, qui suit (qui va suivre), que voilà.

* jes, oui.

jesa, affirmatif (qui dit oui).

diri jes, dire oui.

jesi, répondre affirmativement.

Jesu, Jésus.

Jesuo-Kristo, Jésus-Christ.

Jesua, de Jésus.

ĵet, jeter, lancer.

ekĵeti, se mettre à jeter.

enĵeti, jeter dans.

surĵeti, jeter sur.

kunĵeti, jeter ensemble.

deĵeti, abattre, renverser.

disĵeti, démolir (en faisant tomber successivement les parties d'une construction).

forĵetaĵo, rebut.

jezuit, jésuite.

jod, iode.

jongl, jongler, faire des tours de passe-passe.

jonglo, tour de passe-passe.

jonglado, jonglerie.

jonglisto, jongleur.

*ju...pli, des...pli, plus... plus.

5

jubile, jubilé.

jug, joug.

juĝ, juger.

  juĝo, jugement.

  juĝanto, juge (d'occasion).

  juĝisto, juge (de profession).

  juĝantaro, jury.

  juĝistaro, tribunal (réunion de juges).

  juĝejo, palais de justice.

  aljuĝi, adjuger.

  antaŭjuĝo, préjugé.

jugland, noix (biloculaire).

  juglandujo, noyer.

juk, démanger.

  juko, démangeaison.

juli, juillet.

jun, jeune, juvénile.

  juneco, jeunesse (période et qualité).

  junulo, jeune homme.

  junulino, jeune fille.

  junularo, jeunesse (l'ensemble de ceux qui sont jeunes).

  nejuna, d'un certain âge, sur le retour.

  maljuna, vieux.

  maljuneco, vieillesse (période et qualité).

  maljunulo, vieillard.

  maljunularo, vieillesse (les vieux).

  maljunigi, vieillir (trans.).

  maljuniĝi, vieillir (intrans).

jung, atteler.

  jungajo, attelage.

  jungilaro, harnais.

juni, juin.

juniper, genévrier.

junk, jonc.

jup, jupe.

  subjupo, jupon.

jurist, juriste.

ĵur, jurer.

  jeĵuri, conjurer (se lier par serment contre quelqu'un ou quelque chose.)

  ĵurinta, assermenté.

  deĵuriĝi, (de), abjurer

  perĵurigi, adjurer.

  ĵurrompi, se parjurer.

ĵurnal, journal.

ʼĵus, justement, à l'instant. Ex. : *Mi ĵus legis*, j'ai justement lu, j'ai lu à l'instant, *je viens de lire*. Ce mot rend constamment, par sa combinaison avec le passé du verbe notre gallicisme : je viens de faire ceci ou cela, nous venons de... etc. (Voir *Commentaire*, p. 105).

just, juste (justice).

justeco justice.
justulo, (un) juste.
maljusta, injuste.
maljusteco, injustice (qualité).

maljustajô, (une) injustice (acte injuste).
juvel, bijou, joyau.
juvelisto, joaillier.
juvelaro parure.

K

kabal, cabale (le livre).
kabalajô, acte, parole cabalistique.
kabinet, cabinet (petite chambre, pièce accessoire).
kaĉ, bouillie.
kadet, cadet (milit).
kadr, cadre.
enkadrigi, encadrer.
enkadrigilo, encadrement.
kaduk, caduc, fragile, qui menace ruine.
kadukeco, caducité.
kaf, café (en grains ou en infusion).
kafejo, café (local).
kafejmastro, cafetier.
kafarbo, caféier.
kafkruĉo, cafetière.
kafujo, boîte à café.
kaĝ, cage.
kahel, carreau (de terre, faïence, etc.).
*kaj, et.

kajer, cahier, fascicule.
kajut, cabine.
kaka, cacao.
kakaarbo, cacaoyer.
kal, cal (de l'épiderme), cor, durillon.
kala, calleux.
kaldron, chaudron.
kalejdoskop, kaléidoscope.
kalendar, calendrier.
kalendul, souci (bot.).
kaleŝ, voiture.
kaleŝego, voiture lourde, inélégante.
kaleŝisto, carrossier.
kalfatr, calfater.
kalibr, calibre.
kalik, coupe, calice.
kalikot, calicot.
kalk, chaux.
kalkŝtono, pierre à chaux, pierre calcaire.
kalkan, talon (du pied).

kalkanumo, talon (de chaussure).

kalkul, calculer, compter.

kalkulo, compte, note.

kalkulado, (le) calcul.

alkalkuli, imputer, porter au compte.

kunkalkuli, compter (avec les autres choses).

elkalkuli, mettre hors compte.

dekalkuli, décompter.

nekalkulebla, incalculable.

kalkulema, porté à compter.

kalkulisto, comptable.

kalson, caleçon.

kalumni, calomnier.

kalumnio, calomnie.

kamarad, camarade.

kambi, lettre de change.

kamel, chameau.

kamelino, chamelle.

kameli, camélia.

kamen, cheminée.

kamentubo, tuyau de cheminée.

kamentubisto, ramoneur.

kamer, petite pièce *sans fenêtre.*

kamerling, camerlingue.

kamfor, camphre.

kamizol, camisole.

kamlot, camelot (étoffe).

kamomil, camomille.

kamp, champ.

kamparo, campagne.

kampara, champêtre.

kamparano, paysan.

kan, roseau, canne.

kanab, chanvre.

kanabejo, chènevière.

kanabsemo, chènevis.

kanajl, (une) canaille.

kanajlaro, (la) canaille.

kanal, canal.

kanap, canapé.

kanari, canari, serin.

kanariflava, jaune serin.

kancelari, chancellerie.

kancelier, chancelier.

kandel, chandelle.

kandelingo, chandelier.

kandelabr, candélabre.

kandi, candi, sucre candi.

kandidat, candidat.

kandidateco, candidature.

kankr, écrevisse, cancer.

kankrogento, (les) crustacés.

kanon, canon (ecclés.).

kanonigi, canoniser.

kanonik, chanoine.

kant, chanter.

kanto, (un) chant.

kantado, (le) chant.

rekantajo, refrain.

kanteti, fredonner.

prikanti, célébrer.

kantarid; cantharide.

kanton, canton.

kantor, chantre.

kanvas, canevas (tapisserie).

kap, tête.

kapturniĝo, vertige.

kun la kapo malsupre, la tête la première.

kapo-piede, tête-bêche.

kapabl, capable, apte

kapablo, capacité (pouvoir de...).

kapableco, capacité (qualité de celui qui est en état de faire quelque chose).

malkapablulo, homme incapable.

kapel, chapelle.

kapital, capital (le fonds, l'argent possédé).

kapitalisto, capitaliste.

kapitan, capitaine.

kapitel, chapiteau (qui couronne le fût).

kapitulac, capituler, se rendre.

kapon, chapon.

kapor, câprier.

kaporero, câpre.

kapot, capote (vêtement).

kapr, chèvre (bête de la race caprine).

kaprino, chèvre (sexe).

kapro-viro, bouc.

kapreto, petite chèvre (individu petit de la race).

kaprido, chevreau.

kapridino, jeune chèvre (sexe).

kaprineto, chèvre petite (sexe).

kaprajo, viande de chèvre.

kapridajo, viande de chevreau.

kapristo, chevrier.

kapreol, chevreuil (espèce).

kapreolino, chevrette.

kapreolido, chevrotin.

kapric, caprice.

kaprica, capricieux.

kaprici, avoir des caprices.

kapsul, capsule.

kapt, attraper (arriver à prendre, à saisir).

ekkapti, saisir.

kaptito, captif.

kaptiteco, captivité.

militkaptito, prisonnier de guerre.

kaptilo, piège.

kapucen, capucin (moine).

kapuĉ, capuchon, capuce.

kar, cher, qui a du prix.

  kareco, cherté, haut prix.

  plikariĝo, hausse (des prix).

  karulo, l'homme qui vous est cher.

  malkara, bon marché, de bas prix.

  malkareco, bon marché, bas prix.

  malplikariĝo, baisse (des prix).

karaben, carabine.

karaf, carafe.

karakter, caractère (pas la lettre).

karakteriz, caractériser.

  karakteriza, caractéristique.

karambol, caramboler.

karas, carassin (poisson).

karat, carat.

karavan, caravane.

karb, charbon.

  terkarbo, houille.

  karbisto, charbonnier.

kard, chardon.

kardel, chardonneret.

kardinal, cardinal.

kares, caresser.

  kareso, caresse.

karesa, de caresse, caressant.

karesema, qui aime à carasser, caressant.

karikatur, caricature.

  karikaturi, caricaturer.

kariofil, girofle, clou de girofle.

karmin, carmin.

karnaval, carnaval.

karn, chair.

  tibikarno, mollet.

  dentokarno, gencive.

karo, carreau (cartes).

karob, caroube (le fruit).

karot, carotte (légume).

karp, carpe (poisson).

karpen, charme (arbre).

  karpenejo, charmille (pépinière).

  karpenaleo, charmille (allée de charmes).

  karpenlaŭbo, charmille (tonnelle, berceau).

kart, carte.

  karteto, carte de visite.

  ludkartoj ou **kartoj,** cartes à jouer.

  ludkartaro (un), jeu de cartes.

  karto geografia, carte géographique.

kartav, grasseyer.

kartilag, cartilage.

kartoĉ, cartouche (d'un fusil, d'un pistolet).

  kartoĉujo, giberne, cartouchière.

  kartoĉfabriko, cartoucherie.

karton, carton.

kartuŝ, cartouche (encadrement).

karusel, carrousel.

kas, caisse (coffre, tiroir destiné aux valeurs).

  kasisto, caissier.

  enkasigi, encaisser.

kaŝ, cacher, dissimuler.

  kaŝo, dissimulation.

  kaŝema, qui aime à dissimuler.

  kaŝemo, penchant à cacher, à dissimuler.

  nekaŝema, franc.

  kaŝate, en cachette, à la dérobée.

  kaŝejo, cachette.

  malkaŝi, dévoiler, révéler.

kaserol, casserole.

kask, casque.

kaskad, cascade.

kasket, casquette.

kaŝtan, châtaigne.

  kaŝtanujo, châtaignier.

  kaŝtankolora, couleur marron.

kast, caste.

kastel, château.

  kastelmastro, châtelain.

kastor, castor.

kastr, châtrer, castrer.

  kastrito, castrat.

  ĉevalo kastrita, cheval hongre.

  kastro, castration.

kat, chat (espèce).

  katino, chatte.

  kato-viro, chat mâle, matou.

  kateto, petit chat (taille).

  katido, petit chat (âge).

  katidino, petite chatte (âge).

  katineto, petite chatte (taille).

  katajo, viande de chat.

katafalk, catafalque.

katalepsi, catalepsie.

  katalepsia, cataleptique (adj.).

  katalepsiulo, cataleptique (subs.).

katalog, catalogue.

kataplasm, cataplasme.

katar, catarrhe, rhume.

  katara, catarrhal.

  nazkataro, rhume de cerveau.

katarakt cataracte (des yeux).

katedr, cathédral.

preĝejo katedra, église cathédrale.

kategori, catégorie.

katehism, catéchisme.

katehist, catéchiste.

katen(oj), chaînes, fers, liens (des prisonniers, des criminels).

katolik, (un) catholique.

katolika, catholique (adj.).

katolikeco, catholicité (caractère de ce qui est catholique).

katolikaro, catholicité (ensemble des catholiques).

katolikism, catholicisme.

katun, toile de coton, cotonnade.

kaŭĉuk, caoutchouc.

kaŭteriz, cautériser.

kaŭz, causer.

kaŭzo, cause.

kav, cavité, creux, fosse.

kavigi, creuser (pas fouir, qui est *fosi*).

kavaĵo, creux (partie concave de quelque chose).

kavaĵa, creux, cave (adj.).

kavalir, chevalier.

kavern, caverne.

kaviar, caviar.

kaz, cas (gram. uniquement.).

kaze, fromage blanc, caillebotte.

kaseiĝi, cailler, se cailler (pour le lait).

kazemat, casemate.

* **ke**, que (conjonction uniquement).

kegl, quille (jeu).

keglaro, jeu de quilles (ensemble des quilles).

kel, cave (espace souterrain où l'on garde au frais le vin et les provisions).

kelisto, caviste.

kelk, quelque. Ex. : *Post kelka tempo*, dans quelque temps. — *Kelkaj frankoj* ou *kelke da frankoj*, quelques francs.

kelner, garçon (de café, d'hôtel, etc.).

ken, bois très résineux.

kep, képi.

ker, cœur (aux cartes).

kern, noyau.

kerub, chérubin.

kest, caisse, coffre.

tirkesto, tiroir.

poŝta kesto, boîte aux lettres (de la poste).

* **kia**, quel (quelle espèce de).

* **kial**, pourquoi.
* **kiam**, quand, lorsque, *tuj kiam*, aussitôt que.
* **kie**, où (on y est).
  kien, où (on y va).
* **kiel**, comment, comme.
  kiel eble plej bone, le mieux possible.
  kiel eble plej multe, le plus possible.
  kiel eble plej frue, le plus tôt possible.
  kiel eble plej rapide, le plus vite possible.
  tiel... kiel... de la même manière que, au même degré que, aussi... que. Ex. : *Li estas tiel forta kiel vi*, il est aussi fort que vous.
* **kies**, à qui (de qui), dont le, dont la, dont les. Ex. : *Kies estas tiu ĉi libro?* A qui (de qui) est ce livre? — *La patrino, kies infano estas mortinta*. La mère dont l'enfant est mort.

kil, quille (de bateau).
kilogram, kilogramme.
kilogrametr, kilogram-mètre.
kilolitr, kilolitre.

kilometr, kilomètre.
  kilometra, kilométri-que.
* **kio**, quoi, quelle chose, laquelle chose.
* **kiom**, combien, autant que (idée de quantité). Ex. : *Kiom kostas*, combien coûte? — *Kiom vi scias*, autant que vous sachiez (savez). — *Kiom ili povos*, autant qu'ils pourront.
  tiom da... kiom da, autant de... que de. Ex. : *Mi havas tiom da infanoj kiom vi*, j'ai autant d'enfants que vous. — *Tiom da vino kiom da akvo*, autant d'eau que de vin.

kiras, cuirasse.
  kirasulo, cuirassier.
  kiraso de testudo, de ojstro, écaille de tortue, d'huître.
kirŝ, kirsch.
kis, baiser, donner des baisers, embrasser.
  kiso, baiser.
  kisado, baiser prolon-gé, long embrasse-ment.
  kiseto, léger baiser, petit baiser.

kisema, embrasseur (adj.).

kitel, souquenille, blouse.

*****kiu**, qui, lequel, laquelle (et *quel, quelle* ne signifiant pas quelle sorte de).

kiun, quel, lequel, laquelle (complément direct ou objet du mouvement).

klaft, toise (russe).

klap, soupape.

klar, clair, distinct (pas trouble, pas confus).

klareco, clarté.

malklara, trouble (phys.), confus, obscur (fig.).

malklareco, qualité de ce qui est trouble, confus, obscur.

neklara, qui manque de clarté.

klarigi, rendre clair, clarifier, expliquer.

klarigo, clarification, explication.

klarigebla, clarifiable, explicable.

neklarigebla, inclarifiable, inexplicable.

klarega, limpide.

klaregeco, limpidité.

klariĝi, devenir clair, s'éclaircir.

klarnet, clarinette.

klas, classe (toute catégorie de personnes, de choses distribuées par différence de degré ou de nature; local d'enseignement).

klasik, classique.

klasikulo, (un) classique (homme partisan des auteurs classiques).

klav, touche (de clavier).

klavaro, clavier.

kler, éclairé, instruit.

klerulo, homme éclairé, instruit.

malklera, sans lumières, ignorant, borné.

klereco, qualité de celui qui est *klera*.

malklereco, qualité de l'homme qui est *malklera*.

klerigi, rendre *klera*.

kleriĝi, devenir *klera*.

klient, client.

klientaro, clientèle.

klimat, climat.

klin, incliner, pencher (trans.).

dekliniĝi, dévier, s'écarter de.

klinik, clinique (adj. et subs.). .

klister, clystère.

kliŝ, clicher.

  kliŝajo, cliché.

klopod, se donner de la peine (pour ceci ou cela), faire des démarches.

  klopodo, peine qu'on prend, qu'on se donne, la démarche.

  klopodigi, donner de la peine, faire faire des démarches.

kloŝ, cloche (pas l'instrument qui sonne et qui est *sonorilo*).

klub, club, cercle.

kluz, écluse.

knab, garçon (enfant du sexe masculin).

kned, pétrir.

koaks, coke.

kobalt, cobalt.

kobold, farfadet, lutin.

koĉenil, cochenille.

koincid, coïncider.

kojn, coin (pas l'espace voisin d'un sommet d'angle).

kok, coq (individu du genre coq, individu de l'espèce galline).

  kokino, poule (sexe).

  koko-viro, coq (sexe).

  koketo, petit individu de l'espèce galline.

kokineto, poule de petite taille (sexe).

kokido, poulet.

kokidino, poulette (sexe).

kokideto, petit poulet (taille).

kokejo, poulailler.

kokcinel, coccinelle.

koket, coquet.

  koketeco, coquetterie.

  koketulino, (une) coquette.

kokluŝ, coqueluche.

kokos, coco, noix de coco.

  kokosujo, cocotier.

koks, hanche.

  meti la manojn al la koksoj, mettre les mains sur ses hanches.

kol, cou.

  kolumo, faux-col, collet.

  kolharoj, crinière.

  koltuko, fichu.

  koljungo, collier (harnais).

  ĉirkaŭkolo, kolringo, collier (ornement).

kolbas, saucisson.

  kolbaseto, saucisse.

  sangokolbaso, boudin.

koleg, collègue.

kolegi, collège.

kolekt, amasser, collectionner, rassembler.

kolektanto, collectionneur.

kolekto , collection, réunion, recueil.

kolektiĝi, s'assembler, se réunir.

kolektiĝo, assemblée.

kolektisto, receveur, percepteur.

koler, se fâcher, se colérer.

kolerigi, fâcher, mettre en colère.

kolera, fâché, en colère.

kolero, colère (subs).

kolerema, colère (adj.).

ekkolerema, irascible.

ekkoleremo, irascibilité.

kolibr, colibri.

kolik, colique.

kolimb, plongeon (oiseau).

kolofon, colophane.

kolomb, pigeon, colombe.

kolombejo, pigeonnier, colombier.

kolon, colonne, pilier.

kolonaro, colonnade.

koloni, colonie.

koloniano, colon.

kolor, couleur.

kolori, colorer.

kolorilo, couleur (substance colorante).

koloriĝi, se colorer.

kolorigi, colorier.

kolorigo, coloriage.

kolorigisto, homme qui fait sa profession du coloriage.

rozkolora, rose.

violkolora, violet.

diverskolora, de diverses couleurs.

multkolora, multicolore.

kolos, colosse.

kolosa, colossal.

kolport, colporter.

kolportisto, colporteur.

kolubr, couleuvre.

kom, virgule.

komand , commander (milit. mar.).

komando , commandement (milit. mar.).

komandor, commandeur (d'un ordre).

komb, peigner.

kombilo, peigne.

kombin, combiner.

komedi, comédie.

komediisto, (le) comique.

komedianto, comédien.

komenc, commencer.

komenciĝi, commencer (intrans.).

en la komenco, au commencement, d'abord.

komentari, commenter.

komentario, commentaire.

komerc, commercer.

komercisto, commerçant.

komercaĵo, marchandise, article de commerce.

komfort, confort.

komforta, confortable.

komik, comique.

komikulo, (un) comique.

komisi, donner commission à..., confier à...

komisio, commission.

komisiisto, commissionnaire.

komisar, commissaire.

komitat, comité.

komiz, (un) commis.

komod, commode (meuble).

kompani, compagnie.

kompar, comparer.

kompas, boussole.

kompat, compatir, avoir pitié de, s'apitoyer.

kompato, compassion, pitié.

kompata, de compassion.

kompatema, compatissant.

senkompata, impitoyable.

kompens, compenser.

kompenso, compensation.

komplement, complément (gram.).

komplet, (un) complet (vêtement).

komplez, complaisance, obligeance (acte).

komplik, compliquer.

kompliment, complimenter.

komplimento, compliment.

kompost, composer (typogr.).

kompostisto, compositeur.

kompozici, composition (mus.).

kompren, comprendre.

komprenigi, faire comprendre.

reciproke komprenigi, se comprendre réciproquement.

komprenaĵo, concep-
tion (idée).

kompreneti, compren-
dre à moitié.

malkompreniĝo, ma-
lentendu.

interkompreniĝo, in-
tercompréhension.

kompres, compresse.

kompromis, compromis.

kompromit, compro-
mettre.

komun, commun (qui
s'applique au plus grand
nombre et à tous).

komuneco, commu-
nauté (caractère de çe
qui est commun).

komunumo, commune
(ville, bourg, vil-
lage, etc.).

komunema, sociable.

komuni, communier,
donner la commu-
nion.

komunio, action de
donner la commu-
nion.

komuniiĝi, commu-
nier, recevoir la
communion.

komuniiĝo, réception
de la communion.

komunik, communi-
quer.

komuniko, commu-

nication (action de
communiquer qqch.).

komunikaĵo, commu-
nication (chose com-
muniquée).

komunikiĝi kun, com-
muniquer avec (in-
trans.).

komunikiĝo, commu-
nication (action de se
communiquer).

interkomuniki, en-
tre-communniquer
(trans.).

interkomunikiĝi, en-
tre-communiquer
(intrans).

komunikema, commu-
nicatif.

komunism, commu-
nisme.

komunist, communiste.

kon, connaître.

kono, connaissance.

konaĵo, connaissance
(chose connue).

konigi, faire connaître.

konato, (une) connaissance (personne).

konateco, notoriété.

konatigi, faire faire la
connaissance.

konatiĝi kun, faire
connaissance avec.

ekkoni, commencer à
connaître.

rekoni, reconnaître (retrouver dans sa mémoire comme déjà connu).

koncentr, concentrique.

koncentrigi, concentrer.

koncentriĝi, se concentrer.

koncern, concerner.

koncert, concert.

kondamn, condamner.

kondamnito, (un) condamné.

kondiĉ, condition (circonstance, manière d'être, clause).

kondiĉi, convenir, stipuler.

kondolenc, s'affliger avec quelqu'un.

kondolenco, affliction sur les malheurs d'autrui.

konduk, conduire, mener.

kondukanto, conducteur.

alkonduki, amener.

dekonduki, emmener.

forkonduki, éloigner, emmener loin de...

kunkonduki, conduire ensemble.

enkonduki, mener dans, introduire.

enkonduko, introduction.

trakonduki, conduire à travers.

kondukilo, rêne.

konduktor, kondukisto, conducteur (profession).

kondut, se conduire (agir bien ou mal).

konduto, conduite.

bonkonduta, de bonne conduite.

konfeder, confédérer.

konfederaci, confédération (association).

konferenc, conférence (réunion de diplomates).

konfes, avouer, confesser, se confesser.

konfeso, aveu, confession.

konfespreni, confesser, recevoir la confession.

konfesanto, pénitent.

konfesprenanto, confesseur.

konfid, avoir confiance, se fier (avoir foi en quelqu'un). Ex. : *Mi plene konfidas al li, ĉar li estas honesta kaj sindona*, j'ai pleine confiance en lui, car il est honnête et dévoué.

konfidema, confiant.

konfidato, (le) fondé de pouvoir.

konfidatesto.procuration.

konfidenci, confidence.

konfidencie, en confidence.

konfirm, confirmer (rendre encore plus ferme, plus assuré).

konfirmaci, confirmation (sacrement).

konfisk, confisquer.

konfit, confire.

konfitaĵo, confitures.

konfitisto, confiseur.

konflikt, conflit.

konform, conforme.

konformeco, conformité.

konformigi, conformer.

konformiĝi, se conformer et (grammaire) s'accorder.

konformiĝema,accommodant.

esti konforma al, être conforme, répondre à.

konfuz, confondre, embrouiller, troubler.

konfuzo, confusion, trouble.

konfuza, confus, embrouillé, troublé.

konfuzeco,état de confusion, de trouble.

konfuziĝi, se troubler, s'embrouiller, devenir confus.

konfuzego, désarroi.

malkonfuzi, débrouiller.

kongres, congrès.

konjekt, conjecturer.

konjugaci, conjuguer.

konjunkci, conjonction.

konk, coquille, coquillage.

konklud, conclure (tirer une conclusion).

konkludo, conclusion.

konkur,être concurrent, rivaliser, concourir.

konkuro, concurrence, rivalité.

konkuranto, concurrent, rival, compétiteur.

konkurenc,concurrence (rivalité d'intérêts).

konkurs, concours (action de se mettre sur les rangs pour une nomination, une récompense).

konsci,avoir conscience.

rekonsciiĝi, revenir à soi, redevenir conscient.

konscienc, conscience.

konscienca, conscien-cieux.

konsekvenc, consé-quent.

konsekvenco, consé-quence.

konsenti, être d'accord, concorder, consentir.

konsento, accord, con-corde, consente-ment.

konsenta, d'accord, de concorde, de consentement.

konsente, en accord, en concorde, en consentement.

konsentema, condes-cendant.

malkonsento, discor-de, dissentiment.

interkonsenti, s'en-tendre sur, conve-nir de, faire un ar-rangement.

interkonsento, arran-gement, convention.

konsentiĝi, se mettre d'accord.

konserv, conserver (faire en sorte qu'une personne ou une chose ne se dété-riore pas, ne se perde pas).

konservanto, conser-vateur (d'occasion).

konservisto, conser-vateur (de profession).

konservajo, conserve.

konservaj okulvitroj, conserves (lunettes).

konservativ, partisan de la conservation, oppo-sé aux changements.

konservativulo, con-servateur (en politique ou à propos de réformes, de changements).

konsider, considérer.

konsidero, konside-rado, considération (action de regarder avec attention sous tous les aspects).

konsil, conseiller.

konsilo, conseil.

konsiliĝi kun, prendre conseil de, consul-ter, délibérer avec.

konsiliĝo, consulta-tion, délibération (à plusieurs).

popolkonsiliĝo, diète (assemblée politique).

konsiliĝo (religia), concile.

konsist, consister, se composer de.

konsistori, consistoire.

konsol, consoler.

konsola, de consola-tion, consolant.

6

nekonsolebla, incon-
solable.

konsonant, consonne.

konspir, conspirer.

konstant, constant (qui
ne cesse pas d'être le
même).

konstanteco, cons-
tance.

konstat, constater.

konstern, consterner.

konsterno, consterna-
tion.

konstituci, constitution
(du corps, d'un état).

konstitucia, constitu-
tionnel.

konstru, construire.

konstruo, construc-
tion (acte).

konstruaĵo, construc-
tion (ce qui est cons-
truit).

konsul, consul.

konsulejo, consulat.

konsum, consumer,
épuiser.

konsumo, konsumado,
action de consumer,
d'épuiser, consom-
mation.

konsumiteco, épuise-
ment (état de ce qui
est épuisé).

konsumanto, consom-
mateur.

konsumiĝi, se consu-
mer.

konsumiĝo, consomp-
tion.

kont, compte (état des
sommes déboursées ou à
débourser, reçues ou à recevoir.

kontakt, contact.

kontant, comptant (que
l'on verse sur l'heure).

kontent, content, satis-
fait (qui ne souhaite rien
de plus, rien de mieux).

kontenteco, contente-
ment, satisfaction
(état de).

kontentigi, contenter,
satisfaire.

kontentigo, action de
contenter, de satis-
faire.

kontentiga, satisfai-
sant.

kontentiĝi, devenir
content.

kontentiĝo, contente-
ment, satisfaction
(qu'on reçoit).

nekontenta, mécon-
tent.

kontingent, contingent
(milit.).

kontinent, continent.

kontor, comptoir (établissement).

kontraband, contrebande.

kontrabas, contrebasse.

kontrakt, faire un contrat (avec qqn.), contracter.

kontrakto, contrat.

kontraktanto, (le) contractant.

kontrapunkt, contrepoint (mus.).

kontrast, contraste.

kontrasti, contraster.

* **kontraŭ**, contre, à l'égard de, en face de, à l'opposé de (nullement à côté de, qui est *apud*).

kontraŭe, en face, vis-à-vis, au contraire.

kontraŭa, opposé, contraire, adverse.

kontraŭaĵo, obstacle, contretemps.

kontraŭi al, être opposé à.

kontraŭstari al, s'opposer à.

kontraŭmeti, opposer.

kontraŭbatali, résister.

kontraŭdiri, contredire.

kontraŭdiro, contradiction.

kontraŭparoli, objecter.

kontraŭparolo, objection.

kontraŭprojekto, contre-projet.

kontraŭparto, contre-partie.

kontraŭmarko, contremarque.

kontraŭmontro, contre-indication.

kontraŭveneno, contrepoison.

kontraŭulo, adversaire.

kontraŭvole, contre sa volonté, malgré soi.

kontribuci, contribution (milit.).

kontrol, contrôler.

kontur, contour.

kontuz, contusionner, meurtrir.

kontuzo, contusion, meurtrissure.

konus, cône.

konusa, conique.

konval, muguet.

konven, convenir (aller bien avec ce que demandent la situation, les règles, les usages).

konvena, bienséant.

konveneco, bienséance.

malkonvéna, inconvenant.

konverĝ, converger.
  malkonverĝi, diverger.
konversaci, conversation.
konvert, convertir.
  konvertiĝo, conversion (de soi-même).
konvink, convaincre, persuader.
  konvinka, persuasif, convaincant.
  konvinkiĝi, se convaincre.
konvolvul, volubilis.
konvulsi, convulsion.
  konvulsia, convulsif.
kopek, copeck.
kopi, copier.
  kopio, copie.
  kopiisto, copiste.
  rekopii, recopier.
kor, cœur.
  kora, de cœur, cordial.
  bonkora, de bon cœur, qui a bon cœur.
  bonkoreco, qualité de celui qui a bon cœur.
  kortuŝanta, qui touche le cœur, qui émeut.
  kortuŝeco, émotion, attendrissement.
  korpremeco, anxiété.
koral, corail.
Koran, Coran.
korb, panier.

dorskorbo, hotte.
kord, corde (mus.).
  kordinstrumento, instrument à corde.
korekt, corriger (ramener à la règle ce qui s'en écarte; rectifier, en ramenant à la règle).
  korekto, **korektado**, correction (action de corriger, de ramener à la règle).
  korekta, correct (qui ne s'écarte pas des règles.
  korekteco, correction (qualité de ce qui ne s'écarte pas des règles).
  korektaĵo, correction (changement opéré), rectification.
  korektisto, correcteur (prof.).
  korektiĝi, se corriger.
korespond, correspondre (échanger des lettres, des communications).
  korespondo, **korespondado**, correspondance (échange de lettres, etc.).
  korespondanto, correspondant (l'homme qui correspond).
koridor, corridor.
kork, bouchon (de bouteille).

korktirilo, tire-bou-
chon.

korn, corne.

ĉaskorno, cor de chasse.

korna, **kornoporta**,
cornu.

kornic, corniche.

kornik, corneille.

korp, corps : 1º chez
l'homme et les animaux :
ensemble des parties ma-
térielles composant l'organisme ; 2º tout agrégat de
molécules matérielles. Ex. :
Les corps célestes ou les
astres. Corps solide, liquide,
gazeux, etc.

korpa, du corps, cor-
porel.

korpigi, incarner.

korpiĝi, s'incarner.

korpiĝo, incarnation.

korpogardisto, garde
du corps.

vastkorpa, corpulent.

vastkorpeco, corpu-
lence.

korporaci, corporation.

korpus, corps (d'armée).

korset, corset.

kort, cour.

kortego, cour (d'un souverain).

kortega, de la cour.

kortegulo, courtisan.

korv, corbeau.

kosmogoni, cosmogo-
nie.

kosmografi, cosmogra-
phie.

kosmologi, cosmologie.

kosmopolit, cosmopolite
(subs. et adj.).

kost, coûter (nécessiter un
payement, un sacrifice pour
être obtenu en échange).

kosto, coût.

multekosta, qui coûte
beaucoup, précieux.

kostum, costume.

kot, boue.

kota, boueux.

kotisto, boueur.

kotiz (trans.), se cotiser de
(contribuer chacun pour sa
part à une dépense com-
mune). Ex. : *Mi kotizas
dek frankojn por nia
entrepreno*. Je me co-
tise de 5 fr. pour notre
entreprise.

kotizaĵo, cotisation
(quote-part qu'on verse).

kotlet, côtelette.

koton, coton.

kotoneca, cotonneux.

kotonujo, cotonnier.

koturn, caille.

kov, couver.

kovado, couvaison,
couvage.

kovaĵo, couvée (ce qui est couvé, ce que couve la femelle d'un oiseau).

kovitaro, couvée (les petits sortis de l'œuf), les poussins.

kovert, enveloppe (à lettres).

kovr, couvrir.

kovrilo, couverture.

malkovri, découvrir, dévoiler.

domkovristo, couvreur.

kozak, cosaque.

krab, crabe.

kraĉ, cracher (intrans.).

kraĉaĵo, salive.

kraĉujo, crachoir.

krad, grille.

krajon, crayon.

krak, craquer, claquer (intrans.).

krakigi, faire craquer, faire claquer.

kraketi, craqueter, crépiter, pétiller.

kraketado, crépitation.

kraketilo, crécelle.

kraken, craquelin (pâtisserie).

kramp, crampon et, en typographie, crochet.

kran, robinet.

krani, crâne.

kratag, aubépine.

krater, cratère.

kravat, cravate.

kre, créer.

kreo, création (action).

kreinto, créateur.

kreito, être créé.

kreitaro, création (ensemble des êtres créés).

kreitaĵo, kreaĵo, création (la chose créée).

kred, croire.

kredigi, faire croire.

kredebla, croyable (qu'on peut croire).

kredinda, croyable (digne de foi).

kredema, crédule.

kredemo, crédulité.

kredaĵo, croyance (chose crue).

kredit, crédit (confiance qu'on inspire et crédit commercial).

senkreditigi, discréditer.

kreditor, créancier.

krejcer, kreutzer.

krem, crème.

kremujo, pot à crème.

kren, raifort sauvage.

kreol, créole.

kreozot, créosote.

krep, crêpe (étoffe).

krepusk, crépuscule.

krepuskiĝas, le crépuscule commence, le crépuscule vient.

kresk, croître, pousser.

kresko, kreskado, croissance.

belkreska, de belle taille.

altakreska, de haute taille, grand.

plenkreska, adulte.

kreskaĵo, plante.

kreskaĵaro, (la) flore.

surkresko, excroissance.

krest, crête (oiseaux).

kret, craie.

kreteca, crétacé.

krev, crever, éclater (intrans.).

krevigi, crever (trans.), faire crever.

kreviga malvarmo, froid rigoureux, à pierre fendre.

kri, crier.

ekkrii, s'écrier.

krieti, criailler, piailler.

kriegi, hurler.

kriema, criard.

kribr, cribler, sasser, tamiser.

kribrilo, crible, sas, tamis.

krim, crime.

krimulo, (le) criminel.

kriminal, criminel (adj.).

kring, gimblette (pâtisserie).

kripl, estropié (adj.).

kriplulo, (un) estropié.

kripligi, estropier, mutiler.

krisp, fraise, mésentère.

Krist, Christ.

kristano, (un) chrétien.

kristana, chrétien (adj.).

kristanismo, christianisme.

Kristnasko, Noël.

kristal, cristal.

kristaliĝi, se cristalliser.

kristaligebla, cristallisable.

kritik, critiquer.

kritikisto, (le) critique (de profession).

kriz, crise.

kroĉ, accrocher (suspendre à un crochet, à un clou, etc.).

alkroĉi, accrocher.

kunkroĉiĝi, s'accrocher ensemble.

krokodil, crocodile.

* **krom**, hormis.

krom tio, hormis cela.

kron, couronne.

kroneto, corolle (bot.).

kroni, couronner.

kronik, chronique (subs.).

kronologi, chronologie.

krop, jabot (des oiseaux).

kroz, croiser (mar.).

krozisto, croiseur.

kruc, croix.

kruca militiro, croisade.

krucisto, croisé.

krucumi, crucifier.

krucigi, croiser.

krucig̃i, se croiser.

krucig̃o, croisement.

vojkrucig̃o, strat, krucig̃o, carrefour.

kruĉ, cruche.

kafkruĉo ou kafa kruĉo, cafetière.

tekruĉo ou tea kruĉo, théière.

krucifikso, crucifix.

krud, cru, brut, écru, rude (dans l'état de nature).

kruel, cruel.

kruelega, féroce.

krup, croup (méd.).

krur, jambe.

krust, croûte.

krut, raide (dure à gravir).

kruteco, raideur.

krutaj̃o, pente raide.

krutega, escarpé.

krutegaj̃o, escarpement.

kub, cube.

kubut, coude.

kubutapogi sin, s'accouder.

kudr, coudre.

kudrado, couture (action de coudre).

kunkudri, coudre ensemble.

kunkudro, (une) couture.

kudrilo, aiguille.

kudrejo, atelier de couture.

kudristino, couturière.

kuf, bonnet (de femme).

kugl, balle (d'arme à feu).

kuglego, boulet.

kugletaj̃o, menu plomb, grenaille.

kuir, faire cuire.

kuirejo, cuisine.

kuiristino, cuisinière.

kuk, gâteau.

kukaj̃o, de la pâtisserie

kukol, coucou.

kukum, concombre.

kukurb, citrouille.

kul, cousin (insecte).

kuler, cuillère.

kulis, coulisse (théâtre).

kulp, coupable (adj.).

kulpulo, (le) coupable.

kunkulpulo, complice.

kulpo, faute.

senkulpa, innocent.

kulpigi, accuser (littéralement : faire coupable
ble, dire coupable).

kulpigito, accusé.

kulpiĝi, devenir cou-
pable, se rendre
coupable.

kult, culte.

kultura, qui a de la culture, cultivé.

kultureco, culture
(qualité).

kulturigo, culture (action).

kulturigi, cultiver.

senkultura, inculte.

senkulturejo, jachère.

kun, avec (marque uniquement l'accompagnement,
jamais l'instrument de
l'action, rendu par *per*).

kunigi, unir, joindre,
accoupler.

kuniĝi, s'unir, se joindre, s'accoupler.

kuniĝo, union, jonc-
tion, copulation.

kunmeti, composer
(former un tout, en as-
semblant ou en combi-
nant divers éléments.
Mais nullement faire une
œuvre littéraire ou mu-
sicale : *verki*). Ex. : *La
vortoj kunmetitaj*,

les mots composés.

kunmeto, kunmetado,
composition (action).

kunmeteco, compo-
sition (état, manière
dont une chose est com-
posée).

kunligi, lier ensemble.

kunpreni, prendre
avec soi.

kunveni, venir en-
semble, se réunir.

kunlabori, collaborer.

kunlaborado, collabo-
ration.

kunmanĝanto, com-
mensal.

kunvojiranto, compa-
gnon de route.

kunvojaĝanto, com-
pagnon de voyage.

kunmilitanto, compa-
gnon d'armes.

kunloĝanto, compa-
gnon de logement.

kunvivanto, compa-
gnon de vie.

kunkaptito, compa-
gnon de captivité.

kunfrato, confrère.

kunuloj, compagnons,
consorts.

kune, conjointement,
ensemble.

malkune, séparément.

kune kun, en même

temps que (littérale-
ment : conjointement
avec).

kunikl, lapin.

kup, ventouse.

kupol, coupole, dôme.

kupr, cuivre.

kupra, de cuivre, en
cuivre.

kupri, cuivrer.

flava kupro, laiton.

kur, courir.

alkuri, accourir à, re-
courir, avoir re-
cours à.

forkuri, s'enfuir (pour
l'homme et tous les ani-
maux qui peuvent cou-
rir).

forkuranto, (le) fuyard,
(le) fugitif.

kunkuri, courir en-
semble.

kuranto, coureur
(d'occasion).

kuristo, coureur (de
profession).

transkurinto, trans-
fuge.

kurac, traiter (les mala-
dies).

kuracado, traitement.

kuracilo, remède.

kuracisto, médecin.

kuraĝ, courageux.

kuraĝo, courage (fer-
meté du cœur, énergie
en face du danger ou
d'un obstacle à vain-
cre).

kuraĝi, avoir le cou-
rage de, oser.

kuraĝigi, encourager.

kuraĝiĝi, devenir courageux.

kuraĝe! courage!

perdi la kuraĝon, per-
dre courage.

kuraĝulo, homme cou-
rageux.

senkuraĝa, sans cou-
rage, abattu.

malkuraĝa, lâche.

malkuraĝo, lâcheté.

senkuraĝigi, découra-
ger.

senkuraĝiĝi, se décou-
rager.

malkuraĝigi, rendre
lâche.

malkuraĝiĝi, devenir
lâche.

senkuraĝiĝo, décou-
ragement (on *devient*
découragé).

senkuraĝeco, décou-
ragement (on *est* dé-
couragé), abattement
(moral).

malkuraĝulo, (le) lâ-
che.

rekuraĝiĝi, reprendre courage.

kuraĝega, intrépide.

kuraĝego, intrépidité.

kurator, curateur (droit).

kurb, courbe.

kurba linio, ligne courbe.

kurbeco, courbure.

kurbigi, courber.

kurbigo, courbement.

kurbiĝo, direction courbe (que prend une chose), détour (de route).

kurbiĝi, se courber (devenir courbe).

kurier, courrier. (L'ensemble des lettres, etc., transportées ou reçues).

kurieristo (celui qui porte le courrier).

per la revenonta ou *revenanta kuriero*.

kurioz, curieux (uniquement dans le sens de intéressant à voir, à connaître).

kuriozaĵo, curiosité (chose intéressante à voir, à connaître).

kurs, cours (leçons, finance).

elkursigi, démonétiser.

kursiv, cursif, italique.

kurten, rideau.

litkurteno ou **lita kurteno**, rideau de lit.

pordokurteno ou **pordakurteno**, portière (rideau de porte).

rulkurteno, store.

flankokurteno, rideau de côté (des fenêtres, portes, etc.).

kusen, coussin.

litkuseno ou **lita kuseno**, traversin.

kapkuseno, ou **kapa kuseno**, oreiller.

kusenego, édredon.

kuŝ, être couché, être étendu, et être situé (pour une ville, une maison, une chose qui s'étend, qui repose sur une place plus ou moins grande).

kuŝejo, couche (lit).

kuŝujo, lit (d'un cours d'eau).

kuŝemulo, fainéant (qui aime le lit).

subkuŝi, être couché, étendu dessous.

kuŝiĝi, se coucher.

kutim, s'habituer, s'accoutumer.

kutimo, habitude.

kutima, d'habitude.

kutimigi, habituer.

kuv, cuve.

bankuvo, baignoire.

kuveto, cuveau, cuvier.

kuz, coussin (parent).

kvadrat, carré (subs.).

kvadrata, carré (adj.).

kvalit, qualité.

kvalitigi, qualifier.

*kvankam, quoique, bien que.

kvant, quantité.

*kvar, quatre.

kvara, quatrième.

ķvarigi, diviser en quatre.

kvarobla, quadruple.

kvarobligi, quadrupler (trans.).

kvarobliĝi, quadrupler (intrans.).

kvarono, (un) quart, quartier.

kvarope, à quatre.

kvarfoje, quatre fois.

kvarantem, quarantaine (à bord ou dans un lazaret).

kvarc, quartz.

kvart, quarte (mus.).

kvartal, quartier (d'une ville, section).

*kvazaŭ, comme serait, comme ferait, comme si, quasi.

kverk, chêne.

kviet, calme, paisible, quiet, doux.

kvietigi, calmer, apaiser, adoucir, dompter.

kvietigisto, dompteur (de profession).

kvietiĝi, se calmer, s'apaiser, s'adoucir.

kvieteco, calme, quiétude, douceur.

malkvieta, agité, turbulent, querelleur.

malkvieteco, agitation, turbulence, violence (état contraire à ce qui est calme, paisible, quiet, doux).

malkvieti, se déchaîner, faire rage.

*kvin, cinq.

kvina, cinquième.

kvinobla, quintuple (adj.).

kvinobligi, quintupler (trans.).

kvinobliĝi, quintupler (intrans.).

kvinono, (un) cinquième.

kvinope, à cinq.

kvinfoje, cinq fois.

kvint, quinte (mus.).

kvintesenc, quintessence.

kvit, quitte (entièrement libéré d'une obligation pécuniaire ou morale).

kvitanc, quittancer,

donner un acquit, | **kvitanco,** quittance,
un reçu. | acquit, récépissé.

L

* **L', la,** le la les (article défini). Voir *Grammaire et exercices* de la langue iniernationale Esperanto, p. 16).

labirint, labyrinthe.

labor, travailler.

laboro, travail.

laborema, travailleur.

mallaborema, paresseux.

mallaboremo, paresse.

laboranto, travailleur (celui qui est en train de travailler).

laboristo, travailleur (de profession).

manlaboro, travail des mains, travail manuel.

ellabori, travailler à fond, complètement (telle on telle chose).

ellaborajô, ouvrage (ce qu'on produit ; mais pas l'ouvrage littéraire ou musical, qui est *verko*).

prilabori, façonner, cultiver (faire de telle ou telle chose l'objet d'un travail soigneux).

perlabori, acquérir, gagner par son travail.

kunlabori, collaborer.

punlaboro, travaux forcés.

laborejo, atelier.

lac, las fatigué.

lacega, harassé.

lacigi, fatiguer.

laciga, fatiguant.

laciĝi, se fatiguer (devenir fatigué).

laciĝo, fatigue (action de devenir fatigué).

laceco, fatigue (l'état).

senlaca, senlaciĝa, infatigable.

lacert, lézard.

laĉ, lacs, lacet.

laci, lacer.

lad, tôle, fer-blanc.

laf, lave.

lag, lac.

lageto (stara), étang.

lak, vernis.

laki, vernir.
lake, laquais.
lakon, laconique.
lakonism, laconisme.
laks, diarrée.
  laksilo, purgatif.
  laksigi, purger.
  mallakso, consti-
    pation.
lakt, lait.
  laktumo, laitance.
lam, boiteux (adj.).
  lamulo, (un) boiteux.
  lamigi, rendre boiteux.
  lamiĝi, devenir boi-
    teux.
  lambastono, béquille.
  lami, boiter.
lamp, lampe.
lampir, ver luisant.
lan, laine.
  laneca, laineux.
  lana, de laine, en laine.
  lanaĵo, lainage.
  ŝaflano, toison.
lanc, lance.
lancet, lancette.
land, pays.
  banlando, station bal-
    néaire.
  enlanda indigène
    (adj.).
  enlandulo (un) indi-
    gène.
  samlandulo, pays (celui
    qui est du même pays).

alilanda, étranger,
  exotique.
alilandulo (un) étranger.
alilando, pays étran-
  ger.
lang, langue (organe).
lantern, lanterne.
lanug, duvet.
  lanuga, duveteux.
lapis, pierre infernale.
lard, lard.
  lardi, larder.
larĝ, large.
  larĝo, largeur (dimen-
    sion opposée à la lon-
    gueur). Ex. : *Unu
    metro da larĝo*, un
    mètre de largeur.
  larĝeco, largeur (éten-
    due d'une surface, d'un
    corps, dans le sens op-
    posé à la longueur).
    Ex. : *Admiru la lar-
    ĝecon de tiu ĉi strato*,
    admirez la largeur
    de cette rue.
plilarĝigi, élargir.
plilarĝigo, élargisse-
  ment (qu'on fait su-
  bir).
plilarĝiĝi, s'élargir.
plilarĝiĝo, élargisse-
  ment (qu'on subit).
laŭlarĝe, en travers
  (dans le sens de la lar-

geur), transversale-
ment.

laŭlarĝa, transversal.

mallarĝeco, étroitesse.

mallarĝiĝi, devenir
étroit.

plimallarĝigi, rétrécir.

plimallarĝiĝi, se ré-
trécir.

larĝo, latitude (Géog.).

larik, mélèze.

laring, larynx.

larm, larme.

larv, larve.

las, laisser. (1° Ne plus
tenir, ne plus exercer d'action sur, ne pas s'opposer
à. Ex. : *Lasi la bridon sur
la kolo de ĉevalo*, laisser la
bride sur le cou à un cheval. *Lasu lin fali*, laissez-le
tomber. 2° Faire rester qqn.,
qqch. dans un lieu, ne pas
le prendre avec soi. Ex. :
*Mi lasis la infanojn en la
domo*, j'ai laissé les enfants
à la maison. *Lasu vian mantelon tie ĉi*, laissez votre
manteau ici. 3° Faire que
reste après soi ceci ou cela.
*Li lasis tre bonan reputa-
cion*, il a laissé une très
bonne réputation. 4° Faire
rester qqn., qqch. dans l'état
où il est. Ex. : *Iun lasi du
horojn en bano*, laisser quelqu'un deux heures dans un
bain. *Vi lasis min en la
plej granda embaraso*, vous
m'avez laissé dans le plus
grand embarras. 5° Faire
garder qqch., ne pas l'ôter
à qqn. Ex. : *La juĝantaro
lasis la infanon al la patrino*, le tribunal a laissé
l'enfant à la mère. *Lasu al
li tiun ĉi gloron*, laissez-lui
cette gloire. 6° Faire que
qqn. entre en possession de
qqch. soit en le remettant,
soit en le transmettant.
Ex. : *Vi lasos al mi monon
por ke mi povu pagi*, vous
me laisserez de l'argent pour
que je puisse payer. *Li lasos nur ŝuldojn al ili*. Il ne
leur laissera que des dettes).

allasi, admettre.

allasebla, admissible.

ellasi, lâcher (en ces-
sant de tenir).

delasi, laisser aller,
laisser partir.

surlasi, laisser aller
sur, lâcher sur.

enlasi, laisser aller
dans, laisser entrer.

tralasi, laisser passer
à travers.

preterlasi, laisser
échapper, laisser
passer, manquer.

Ex. : *Preterlasi la okazon*, laisser échapper l'occasion. *Preterlasi la limtempon*, laisser passer la limite de temps, le terme. (Voir à *preter*.)

last, dernier.

  antaŭlasta, avant-dernier, pénultième.

latin, latin (adj.).

  latina lingvo, latinaĵo, latin (la langue).

latug, laitue.

* **laŭ**, selon, d'après.

laŭb, tonnelle, berceau.

laŭd, louer, vanter.

  laŭdo, laŭdado, louange.

  eklaŭdi, se mettre à louer.

  laŭdegi, exalter (vanter beaucoup).

  mallaŭdi, blâmer.

laŭr, laurier.

laŭt, à haute voix, hautement.

  laŭta, qu'on entend bien, qui n'est pas sourd, étouffé (au point de vue du son).

  mallaŭta, sourd, bas, qu'on entend à peine.

  mallaŭte, à voix basse.

lav, laver.

sin lavi, se laver.

  lavejo, lavoir.

  lavistino, laveuse, blanchisseuse.

  lavujo, lavabo.

  lavvazo, cuvette.

lavang, avalanche.

lecion, leçon (ce qu'un maître enseigne et ce qu'il fait étudier).

  doni lecionon, donner une leçon.

led, cuir.

  ledpretigisto, corroyeur.

leg, lire.

  eklegi, se mettre à lire.

  lego, legado, lecture.

  trageli, lire d'un bout à l'autre.

  leganto, lecteur (ordinaire).

  legisto, lecteur (de profession).

legend, légende (récit).

legi, légion.

legom, légume.

  legoma ĝardeno, jardin potager.

leĝ, loi.

  leĝoscienco, droit (la science du droit).

  leĝigi, légiférer, établir comme loi.

lek, lécher.

lekant, marguerite.

lekanteto, pâquerette.

leksikon, lexique.

lent, lentille (plante).

lentug, tache de rous-
seur.

leon, lion.

leontod, dent-de-lion,
pissenlit.

leopard, léopard.

lepor, lièvre.

lepr, lèpre.

leprulo, lépreux (subs.).

lern, apprendre.

lernanto, élève, éco-
lier, apprenti.

lernejo, école.

memlerninto, homme
qui a appris tout
seul, autodidacte.

lernolibro, livre pour
apprendre, manuel.

lerni parkere, appren-
dre par cœur.

tralerni, apprendre
d'un bout à l'autre.

ellerni, apprendre à
fond.

kunlernanto, condis-
ciple.

lert, habile, adroit.

lerteco, habileté,
adresse.

lertulo, homme habi-
le, adroit, un maître.

mallerta, malhabile,
maladroit.

lertigi, rendre habile,
rendre adroit.

lertiĝi, devenir habile,
devenir adroit.

lertega, d'une habi-
leté, d'une adresse
consommée.

lesiv, lessive.

lesivejo, buanderie.

letargi, léthargie.

leter, lettre, missive.

leteristo, facteur.

leŭtenant, lieutenant.

subleŭtenanto, sous-
lieutenant.

lev, lever (faire mouvoir de
bas en haut), dresser (ce
qui est couché, penché, etc.)

levilo, levier.

leviĝilo, ascenseur.

ŝarĝolevilo, monte-
charges.

pladlevilo, monte-
plats.

relevi, relever (remet-
tre debout).

leviĝi, se lever (quand on
est étendu, assis, accrou-
pi. Paraître dans le ciel,
en parlant des astres).

releviĝi, se relever.

leviĝo, lever (action de se
lever pour les hommes,
les bêtes, les astres).

mallevi, baisser,
abaisser.

mallevo, abaissement (action de baisser, d'abaisser).

malleviĝi, se baisser, s'abaisser.

mallevigo, action de se baisser, de s'abaisser.

levid, lévite (de la tribu de Lévi).

levkoj, giroflée.

* **li**, il, lui.

lia, son, sa (à lui).

lian, liane.

libel, libellule.

liber, libre, exempt (qui n'est pas dominé, entravé, ou occupé).

libereco, liberté (état où l'on n'est pas dominé, entravé, occupé).

mallibera, dominé, pris, captif, prisonnier.

mallibereco, privation de la liberté, captivité.

malliberulo, captif, prisonnier (subs.).

malliberejo, prison.

liberigi, délivrer, exempter.

liberiĝi, devenir libre, devenir exempt.

libertempo, vacances.

libera loko, place vacante.

libr, livre.

libreto, livret, opuscule.

librotenado, tenue de livres.

librotenisto, teneur de livres.

librejo, librairie.

libristo, libraire.

lien, rate.

lig, lier.

ligo, liaison, alliance, ligue.

ligano, membre d'une alliance, d'une ligue.

ligilo, lien.

ligajo, liasse.

alligi, attacher.

alligita, attaché (phys. et mor.).

alligiteco, attachement.

interligi, relier ensemble.

interligo, liaison, alliance, connexion.

kunligi, lier avec, lier ensemble.

lign, bois (la substance).

lignisto, marchand de bois.

lignaĵisto, menuisier.

lignaro, tas de bois, amas de bois.

ligur, verdier.
liken, lichen et dartre.
likvid, liquider.
   likvido, liquidation.
   likvidisto, liquida-
     teur (prof.).
likvor, liqueur.
   likvoristo, liquoriste.
lili, lis.
lim, limite, borne.
   limigi, limiter, bor-
     ner.
   senlima, illimité, sans
     bornes.
   samlima, limitrophe.
   limtempo, terme,
     échéance (le temps
     limite).
   limimpostejo, douane,
     octroi(bureaux, postes).
limak, limace (mollusque
   gastéropode sans coquille).
limf, lymphe (méd.).
   limfa, lymphatique.
limonad, limonade.
   limonadisto, limona-
     dier.
lin, lin.
lingv, langue (idiome).
   lingvajo, langage.
lini, ligne.
   linii, ligner.
   liniita, ligné.
   liniilo, règle (instru-
     ment).
link, lynx, loup-cervier.

lip, lèvre.
   lipharoj, moustaches.
lir, lyre.
lit, lit.
   litajo, literie.
   litkovrilo, couverture
     de lit.
litani, litanies.
liter, lettre (de l'alphabet).
literatur, littérature.
   literaturisto, littéra-
     teur.
litograf, lithographier.
   litografa, lithogra-
     phique.
   litografisto, litho-
     graphe.
   litografado, lithogra-
     phie (l'art).
   litografejo, lithogra-
     phie (l'établissement).
litologi, lithologie.
litotrici, lithotritie.
litr, litre.
   decilitr, décilitre.
   centilitr, centilitre.
   hektolitr, hectolitre.
liturgi, liturgie.
liut, luth.
liver, livrer, fournir.
   liveranto, fournis-
     seur.
livre, livrée.
lod, demi-once.
log, allécher.

delogi, séduire (en alléchant).

forlogi, entraîner (en alléchant).

allogi, attirer (en alléchant).

allogaĵo, appât.

delogisto, séducteur.

logaritm, logarithme.

loĝ, habiter, loger.

loĝado, habitation, séjour à demeure.

loĝejo, habitation, logement.

loĝanto, habitant.

kunloĝanto, compagnon de logement.

loĝigi, installer, établir (quelqu'un dans une demeure).

loĝiĝi, s'installer, s'établir (dans une demeure).

transloĝiĝi, déménager.

enloĝigi, héberger.

loĝi, loge.

logik, logique (subs.).

logika, logique (adj.).

logogrif, logogriphe.

lojt, lotte (poisson).

lok, lieu, endroit, place, local.

loka, local (adj.).

loki, placer, loger (à telle ou telle place).

disloki, placer, loger dans des endroits différents.

transloki, déplacer, transférer.

translokiĝi, changer de place, se transférer.

ĝustloka, qui est bien à sa place.

neĝustloka, déplacé (qui n'est pas à sa place).

lokomobil, locomobile (subs.).

lokomotiv, locomotive.

lol, ivraie.

long, long.

longo, longueur (la plus grande étendue d'un objet de l'une à l'autre de ses extrémités), longitude.

longeco, longueur (qualité d'être long).

laŭlonge, en longueur dans le sens de la longueur.

longigi, rendre long.

plilongigi, rendre plus long, allonger.

plilongigo, action d'allonger.

longiĝi, devenir long.

plilongiĝi, devenir

plus long, s'allonger.

longiĝo, action de devenir long.

plilongiĝo, action de devenir plus long.

mallongigi, abréger, raccourcir.

mallongiĝi, s'abréger, se raccourcir.

mallongigo, abréviation, raccourcissement (qu'on fait subir).

mallongiĝo, abréviation, raccourcissement (qu'on subit).

mallonge, brièvement, en peu de mots.

antaŭ ne longe, il y a peu de temps.

lonicer, chèvrefeuille.

lorn, lunette d'approche, longue-vue.

lorneto, lorgnette.

lot, tirer au sort.

lotumi, lotir.

lotaĵo, lot.

loteri, loterie.

lozanĝ, losange.

lu, louer (prendre à loyer).

luanto, locataire.

luigi, louer (donner à loyer).

luiganto, loueur, propriétaire.

luebla, qu'on peut louer, à louer.

luprezo, loyer.

lud, jouer.

ludo, jeu (1° Action de se livrer à un amusement. Ex. : *La infanoj ŝatas la ludon*, les enfants aiment le jeu. — 2° Amusement soumis à des règles où l'un perd, tandis que l'autre gagne. Ex. : *Li elspezas sian tutan monon en la ludo*, il dépense tout son argent au jeu. — 3° Ce qui sert à ces amusements. Ex. : *Ludo de kegloj*, jeu de quilles. — 4° Façon dont on joue, Ex. : *Via ludo estas tre lerta*, votre jeu est très habile. — 5° Maniement des instruments de musique. Ex. : *La ludo de l'fortepiano, de l'violono, de l'gitaro*, etc., le jeu du piano, du violon, de la guitare, etc. — 6° Manière dont un acteur joue un rôle. Ex. : *Lia ludo estas tre nobla*, son jeu est très noble. Le verbe *ludi* a naturellement les acceptions correspondantes).

ludanto, joueur (celui qui joue).

ludema, joueur, porté au jeu.

luks, luxe, faste.

luksa, luxueux, fastueux, somptueux.

luksi, vivre avec luxe, avec faste.

lul, endormir en berçant.

lulilo, berceau.

lum, luire.

lumo, lumière.

mallumo, ténèbres.

luma, lumineux.

malluma, ténébreux.

lumeco, clarté (qualité de ce qui est lumineux).

senlumeco, obscurité.

eklumi, commencer à luire.

lumeto, faible lueur.

lumeti, jeter une faible lueur.

lumigi al, éclairer (qqn. ou qqch.).

lumigilo, luminaire.

lumingo, flambeau (portant des bougies, des chandelles).

lumturo, phare.

radiluma, rayonnant.

mallumigi, rendre ténébreux.

mallumiĝi, devenir ténébreux.

mallumiĝo, obscurcissement, éclipse.

lumb, lombes.

lumbaĵo, filet (de viande).

lun, lune.

luna, lunaire.

lunatik, lunatique.

lund, lundi.

lup, loup (espèce).

lupino, louve.

lupol, houblon.

lustr, lustre (luminaire suspendu).

lut, souder.

alluti, souder à.

kunluti, souder ensemble.

luter'an, luthérien.

lutr, loutre.

M

mac, pain azyme.

maĉ, mâcher.

maĉado, mastication.

magazen, magasin.

magi, magie.
magia, magique.
magiisto, magicien.
magistr, maître ès arts.
magistrat, magistrat.
magnet, aimant.
magneti, aimanter.
magnetism, magné-
tisme.
magnetisma, magné-
tique.
magnetiz, magnétiser.
magnetizanto, magné-
tiseur (d'occasion).
magnetizisto, magné-
tiseur (de profession).
magnetizato, le sujet
magnétisé.
mahomet'an, mahomé-
tan.
maiz, maïs.
maj, mai.
majskarab, hanneton.
majest, majestueux.
majesto, majesté (elle-
même).
majesteco, majesté
(état, qualité de ce qui
est majestueux).
major, major (milit.).
majstr, maître (dans son
art, sa science, sa profession).
majstreco, maîtrise.
submajstro, contre-
maître, sous-maître.

makadam, macadam.
makadami, macada-
miser.
makaroni, macaroni.
makler, faire le cour-
tage.
makleristo, courtier.
maksim, maxime.
maksimum, maximum.
makul, tache.
makuli, tacher.
senmakula, sans ta-
che, immaculée.
forigi makulojn, déta-
cher.
makzel, mâchoire.
makzela, maxillaire.
mal, marque les con-
traires. Ex. : Bona,
bon ; malbona, mau-
vais. Estimi, estimer ;
malestimi, mépriser.
mala, contraire (adj.).
malo, contraire (subst.).
male, contrairement.
malakit, malachite.
male, maillet.
maleol, cheville.
*malgraŭ, malgré.
malic, malicieux (qui
trouve du plaisir à faire
le mal).
malico, malice.
maliceco, état de mali-
ce, état du malicieux.
malv, mauve (plante).

malvkolora ou **malva**, mauve (adj.).

mam, mamelle.

mampinto, tétin, mamelon.

mamsuĉi, têter.

mamnutri, allaiter.

mambesto, mammifère.

man, main.

mana, de la main, manuel.

manlaboro, travail manuel.

manfarita, fait à la main.

manradiko, poignet.

manplato, paume.

plenmano, poignée.

manpremo, poignée de main.

manringo, bracelet.

manumo, manchette.

mana, manne (pas le panier).

mandaren, mandarin.

mandat, mandat (poste).

posta mandato, mandat-poste.

karta mandato, mandat-carte.

maneĝ, manège.

mangan, manganèse.

manĝ, manger.

manĝegi, manger avec excès.

manĝegema, gourmand (adj.).

manĝegemo, gourmandise.

manĝegulo, gourmand (subs.).

manĝo, manducation.

manĝado, repas.

manĝaĵo, mets, aliment.

almanĝaĵoj, hors-d'œuvre.

manĝejo, réfectoire.

manĝujo, mangeoire, crèche.

manĝoĉambro, salle à manger.

manĝeti, prendre quelque chose, goûter, collationner.

manĝeto, goûter, collation.

matenmanĝi, prendre le déjeuner du matin.

matenmanĝo, déjeuner (du matin).

tagmanĝi, déjeuner (vers le milieu du jour).

tagmanĝo, déjeuner.

vespermanĝi, dîner (v.).

vespermanĝo, dîner (subs.).

noktomanĝi, souper (dans la nuit).

noktomanĝo, (le) souper.

manĝrestaĵo, restes de la table.

mani, manie.

maniulo, maniaque.

manier, manière, façon.

tiamaniere, de cette manière, de la sorte.

manifest, (le) manifeste.

manik, (la) manche.

mank, manquer (dans le seul sens de faire défaut, d'être en moins).

manko, manque (absence d'une chose).

mankhava, défectueux.

senintermanka, qui n'a pas de manque, continu.

senintermanke, d'une manière continue.

mankantaro, mancoliste (philatélie).

manometr, manomètre.

manovr, manœuvre (milit., mar.).

mantel, manteau.

manufaktur, manufacture.

manufakturisto, manufacturier.

manuskript, manuscrit.

mar, mer.

mara, **apudmara**, de mer, maritime.

maristo, marin.

maristaro, marine (en tant que personnel).

markolo, détroit.

marveturo, navigation (sur mer).

marasm, marasme.

marĉ, marais.

marĉa, de marais, marécageux.

marĉejo, marécage.

marĉand, marchander, (essayer d'obtenir à meilleur marché).

marcipan, massepain.

mard, mardi.

marĝen, marge.

marionet, marionnette.

mark, marque.

poŝta marko, poŝtmarko, timbre-poste.

marki, marquer (faire une marque quelconque sur qqch ou qqn).

markiz, marquis.

markot, marcotte.

markoti, marcotter (multiplier par marcottes).

marmor, marbre.

marmot, marmotte (quadrupède).

maroken, maroquin (peau).

marŝ, marcher (action de poser le pied, de mettre un pied, puis l'autre en avant, pour aller dans une direction. Pour un mobile qui suit la loi régissant son mouvement, l'Esperanto n'emploie que *iri*. Ex. : *Horloĝo, kiu iradas bone, kiu ne iras plu*, une horloge qui marche (va) bien, qui ne marche (va) plus.)

marŝo, marŝado, marche (subs. du v. marcher. — La marche d'un mobile d'une affaire se rend en Esperanto par *iro, irado*. Ex. : *La irado de l'tero*, la marche de la terre. — *La irado de nia afero estas tre kontentiga*, la marche de notre affaire est très satisfaisante).

bordmarŝejo, quai.

marŝal, maréchal (pas l'artisan qui ferre les chevaux).

mart, mars.

martel, marteau.

martelumi, marteler.

mas, masse (réunion considérable de personnes, de choses).

maŝ, maille (de filet).

maŝin, machine.

maŝinisto, machiniste (qui invente, construit des machines ou s'en occupe).

masiv, massif (qui présente une masse compacte).

masivo, massif (subs.). Ex. : *Masivo de arboj, de montoj,* massif d'arbres, de montagnes.

mask, masque.

senmaskigi, démasquer.

mason, maçonner.

masonisto, maçon.

mast, mât.

mastaro, mâture.

mastik, mastic.

mastiki, mastiquer.

mastr, maître (de maison), patron, hôte (qui reçoit).

gemastroj, (les) maîtres (de maison), les patrons, les hôtes (qui reçoivent).

mastrino, maîtresse (de maison), patronne, hôtesse.

mastraĵo, ménage, économie domestique.

mastrumi, tenir, administrer le ménage.

mastrumado, tenue, administration du ménage.

mat, natte (tissu de paille, de jonc tressé), paillasson.

matematik, mathématique (adj.).

matematikisto, mathématicien.

maten, matin.

materi, matière (tout ce qui existe physiquement).

materia, matériel (adj.).

material, tout ce dont on fait quelque chose. Ex. : Les pierres et les bois sont le principal *materialo* dans la construction d'une maison. — Ce choix de morceaux fournira au lecteur un bon *materialo* de lecture.

materialism, matérialisme (phil.).

materialist (subs.).

matrac, matelas.

matur, mûr.

matureco, maturité.

maturigi, mûrir (trans.).

maturiĝi, mûrir (intrans.).

mazurk, mazurka.

mebl, meuble.

mebli, meubler.

senmebligi, démeubler.

meblisto, ébéniste.

meblaro, mobilier (ensemble des meubles).

meĉ, mèche.

medal, médaille.

medalion, médaillon.

medicin, médecine.

medicina, médicinal.

medicinisto, médecin.

medit, méditer.

medium, médium (spiritisme).

meĥanik, mécanique.

meĥanikisto, mécanicien.

mejl, mille (mesure itinéraire).

mel, blaireau (quadrupède).

melankoli, mélancolie.

melankolia, de mélancolie, mélancolique.

meleagr, dindon.

meleagrino, dinde.

melis, mélisse.

melk, traire.

melodi, mélodie.

melodia, de mélodie, mélodieux,

melodram, mélodrame.

melon, melon.

   akvomelono, melon d'eau, pastèque.

melope, mélopée.

*****mem**, même (qui est précisément ce dont on parle). Ex. : *Mi venos mem*, je viendrai moi-même. *Li skribis mem al mi.* il m'a écrit lui-même. *Respondu mem*, répondez vous-même, *Tio ĉi mem vidiĝis en liaj okuloj*, cela même se voyait dans ses yeux. *De la horo mem de sia alveno li...* dès l'heure même de son arrivée, il...

   memstara, indépendant. (Littéralement : qui se tient de soi-même, par ses propres forces).

   memstareco, indépendance.

membr, membre (au propre et au figuré).

   dikmembra, fortement membré, membru.

   membraro, membrure.

   membran, membrane (tissu organique, animal ou végétal).

   membraneto, peau qui se forme sur le lait.

memor, se souvenir de (garder le souvenir).

   memoro, souvenir, mémoire (acte).

   memoraĵo, souvenir (objet donné).

   memora, de mémoire. relatif à la mémoire.

   memorebla, dont on peut se souvenir.

   memorinda, mémorable, digne de mémoire.

   rememorigi, faire ressouvenir, rappeler une chose oubliée.

   rememoriĝi, se ressouvenir, se rappeler une chose oubliée.

   rememoriga, commémoratif.

   rememoriĝo, action de se rappeler une chose oubliée.

mendi, commander (dans le sens de) faire une commande.

   mendo, commande.

   mendanto, (la) personne qui fait une commande.

mensog, mentir.

mensogo, mensonge.

mensoga, de mensonge, mensonger.

mensogema, porté au mensonge.

mensogemo, penchant au mensonge.

mensogulo, (le) menteur (l'homme caractérisé par le vice du mensonge).

ment, menthe.

menton, menton.

meridian, méridien.

merinos, mérinos (mouton).

merinoslano, mérinos (laine).

merinosŝtofo, mérinos (tissu).

merit, mériter.

merito, mérite.

meriz, merise.

merkred, mercredi.

merl, merle.

merlang, merlan.

mes, messe.

fari meson, dire la messe.

Mesi, Messie.

met, mettre, poser, placer.

surmeti, mettre sur : Ex. : Surmetu vian ĉa-

pelon, mettez (sur vous) votre chapeau.

enmeti, mettre, placer dedans, insérer.

elmeti, exposer (placer de manière à mettre en vue).

almeti, appliquer. Ex.: Almeti la manon al sia brusto, appliquer la main à sa poitrine.(Pour ce mot et le suivant la racine aplik rend l'idée avec plus de précision).

almeto, application.

demeti, déposer. Ex. : Demetu vian mantelon, déposez votre manteau.

dismeti, désassembler, décomposer.

kunmeti, assembler, composer.

kunmeto, kunmetado, assemblage, composition (action).

kunmeteco, composition (état, manière dont une chose est composée).

kunmetita, composé (participe).

apudmeti, juxtaposer.

intermeti, intercaler.

trameti, faire passer à travers, enfiler.

metafizik, (la) métaphysique.

metafor, métaphore.

metal, métal.

    metala, métallique.

    metalfosisto, mineur.

metalurgi, métallurgie.

meteor, météore.

metereologi, météorologie.

meti, métier (pas la machine).

    metiisto, artisan.

    metiejo, atelier d'artisan.

metod, méthode.

metr, mètre.

    decimetro, décimètre.

    centimetro, centimètre.

    milimetro, millimètre.

    dekametro, décamètre.

    hektometro, hectomètre.

    kilometro, kilomètre.

    miriametro, myriamètre.

    metra, du mètre, métrique.

mev, mouette.

mez, milieu.

meza, moyen.

meze, moyennement.

tagmezo, midi (heure).

noktomezo, minuit.

mezaj centjaroj, moyen âge.

mezanombro, nombre moyen, chiffre moyen.

meze de, dans le milieu de, au milieu de (idée de centre).

meze bela ekzemplero, exemplaire moyen.

mezur, mesurer.

mezuro, mesure.

mezursigno, pointure.

mezurilo, mesure (objet, instrument servant à mesurer).

almezuri, ajuster (mettre à la mesure voulue).

sammezura, de même mesure, de même taille.

sammezurigi, proportionner (rendre de même mesure).

*mi**, je, moi.

    min, me, moi (acc).

    mia, mon, ma.

    (la) **mia**, le mien, la mienne.

miasm, miasme.

miel, miel.

mielkuko, pain d'épices.

mien, mine, air.

migdal, amande.

migdalujo, amandier.

migr, courir le monde, voyager au loin.

enmigranto, immigrant.

elmigranto, émigrant.

migrantejo, maison, refuge pour les voyageurs.

mikrob, microbe.

mikroskop, microscope.

mikroskopa, microscopique.

miks, mêler, mélanger, mixtionner.

mikso, miksado, mélange, mixtion (acte).

miksaĵo, mélange mixtion, mixture (choses mélangées).

almiksi, mêler à.

kunmiksi, mêler, mélanger ensemble.

enmiksi, mêler dans.

enmiksiĝi, se mêler, s'ingérer.

intermiksi, embrouiller.

intermiksite, pêle-mêle.

bone diversigita mik-

saĵo, mélange bien assorti (philatélie).

*mil, mille.

miljaro, millénaire.

mili, mil, millet.

miligram, milligramme.

milimetr, millimètre.

'milion, million.

milit, guerroyer.

milito, guerre.

milita, de guerre, militaire.

militiro, campagne.

militisto, militaire, guerrier.

militanto, celui qui guerroie, (le) combattant.

militistaro, armée.

militestro, chef de l'armée.

militkaptito, prisonnier de guerre.

almiliti, conquérir (par les armes).

milv, milan.

min, mine (d'or, de charbon, etc.).

mina, minier.

minejo, mine (l'excavation dans le terrain minier pour en extraire les matières qui y sont renfermées).

minaĵo, minerai.

mineral, minéral (subs.).

minerala, minéral.

mineralogi, minéralogie.

mineralogia, minéralogique.

mineralogiisto, minéralogiste.

minac, menacer.

minaco, menace.

minaca, de menace, menaçant (adj.).

miniatur, miniature.

minimum, minimum.

ministr, ministre.

ministrajo, ministère (office, fonction).

ministrejo, ministère (résidence de ministre).

ministraro, ministère (corps des ministres).

minut, minute.

miogal, rat musqué.

miop, myope (adj.).

miopulo, homme myope.

miopeco, myopie.

miozot, myosotis.

mir, s'étonner.

miro, étonnement.

miriga, qui étonne, étonnant (adj.).

mirigi, étonner.

mirinda, digne d'étonnement, merveilleux.

mirindajo, merveille.

mirindajisto, faiseur de merveilles.

miregi, s'ébahir.

mirego, ébahissement

miregigi, ébahir (frapper d'un profond étonnement).

miregiga, ébahissant.

miregindajo, prodige.

mirakl, miracle (fait surnaturel).

mirakla, miraculeux.

mirh, myrrhe.

miriad, myriade.

mirt, myrte.

mirtel, airelle.

misi, mission.

misiisto, missionnaire.

mister, mystère.

mistifik, mystifier.

mistifiko, mystification.

mit, mythe.

mitologi, mythologie.

mitul, moule (zool.).

mizer, misère (sort digne de pitié), dénuement extrême.

mizera, misérable (adj.).

mizerulo, misérable (subs.).

mobiliz, mobiliser.

mod, (la) mode et (le) mode (gram).

model, modèle.
modeli, modeler.
modelilo, moule.
modelisto, modeleur.
moder, modéré, tempéré.
moderigi, modérer, tempérer.
moderiĝi, se modérer.
malmodera, excessif, immodéré.
modern, moderne.
modest, modeste (qui a une opinion médiocre de son mérite).
modesteco, modestie.
malmodesta, suffisant.
malmodesteco, suffisance (excès de satisfaction de soi qui perce dans le ton, les manières).
modul, moduler.
mok, se moquer.
moko, mokado, moquerie (action de se moquer).
mokaĵo, (une) moquerie.
mol, mou, mol,
moligi, amollir.
moliĝi, mollir, s'amollir.
moliĝo, action de s'amollir.

moleco, mollesse.
molega, mollasse.
malmoligi, durcir.
malmoliĝi, se durcir, se coaguler.
malmoliĝo, action de se durcir, coagulation.
molanaso, eider.
molaĵo, (la) partie molle, mie.
molusk, mollusque.
moment, moment.
mon, argent (monnaie).
mona, pécuniaire.
monofero, offrande d'argent.
monoferado, souscription (d'argent).
monujo porte-monnaie.
monero, pièce de monnaie.
monaĥ, moine.
monaĥejo, monastère.
monarĥ, monarque.
monarĥajo, monarchie (État).
monarĥisto, monarchiste.
monat, mois.
ĉiumonata, mensuel.
monataĵo, menstrues.
mond, monde.
monda, du monde, mondain (qui appar-

8

tient au monde, au siècle).

moned, choucas.

monitor, moniteur.

monogram, monogramme.

monolog, monologue.

monopol, monopol.

monstr, monstre.

  monstra, monstreux (qui présente une conformation contre nature).

mont, montagne, mont.

  monteto, colline.

  montaro, chaîne de montagnes.

  montano, montagnard

  intermonto, défilé.

montr, montrer, indiquer.

  montro, indication.

  montrilo, aiguille (tige indicatrice).

  montrileto, petite aiguille.

  elmontri, manifester.

monument, monument.

mops, doguin.

mor, mœurs.

  bonmoroj, bonnes mœurs.

moral, moral.

  nemorala, immoral.

morbil, rougeole.

morĉel, morille.

mord, mordre (entamer avec les dents et attaquer qqn. d'une manière acerbe).

  mordo, morsure.

  morda, qui mord, mordant.

  mordema, mordeur.

  mordeti, ronger.

morfin, morphine.

*morgaŭ, demain.

  postmorgaŭ, après-demain.

mort, mourir.

  mortanto, (le) mourant.

  mortinto, (le) défunt.

  morto, mort, trépas, décès.

  morta, de mort, mortel.

  mortema, sujet à la mort.

  mortado, mortalité (mort collective dans un même espace de temps).

  morteco, mortalité (condition d'être sujet à la mort).

  senmorta, **nemortema**, immortel.

  senmorteco, immortalité.

  mortigi, tuer.

  mortiĝi, se mourir.

mortiga, mortifère.

mortigo, meurtre, as-sassinat.

memmortigo, suicide.

memmortigi, se sui-cider.

hommortigo, homi-cide.

mortintaĵo, charogne.

morter, mortier (maçon).

morus, mûre.

most, moût, vin doux.

moŝt, titre général de politesse. Ex. : *Via reĝa moŝto*, votre ma-jesté. *Via generala moŝto*, monsieur le général. *Via cpiskopa moŝto*, monseigneur.

motiv, motif (raison d'agir).

motor, moteur.

mov, mouvoir (mettre en mouvement, mettre en ac-tion).

movo, (un)mouvement.

movado, (le) mouve-ment (la faculté du mouvement).

movebla, mobile (adj.).

senmova, immobile.

senmoveco, immobi-lité.

senmovigi, immobili-ser.

movema, enclin au mouvement, re-muant.

formovi, écarter, éloi-gner.

movilo, moteur (subs.). *forto mova*, force motrice.

propramove, sponta-nément.

mozaik, mosaïque.

muel, moudre.

muelilo, moulin (ma-chine).

muelejo, moulin (édi-fice).

muelisto, meunier.

muf, manchon (pour les mains).

muĝ, mugir (le vent, la tempête, les flots).

muk, glaire, mucosité.

mul, mulet.

mulino, mule.

mulisto, muletier.

mult, beaucoup, nom-breux. Ex. : *Multe da pano*, beaucoup de pain. *Multaj malfeli-ĉoj*, de nombreux malheurs.

multo, un grand nom-bre, beaucoup (sous forme substantive).

multego, une infi-nité.

multigi, multiplier.

multigado, multiplication.

multiĝi, se multiplier.

multiganto, multiplicateur.

multigato , multiplicande.

plimultiĝi, s'accroître (en nombre).

la **plimulto**, la majorité.

la **malplimulto**, la minorité.

malmultigi , rendre peu nombreux.

mum, momie.

mur, mur.

murego, muraille.

murmur, murmurer, grommeler.

murmuro, murmure.

murmureti, murmurer faiblement.

mus, souris.

muŝ, mouche.

musk, mousse (la plante).

muskat, muscade.

muskol, muscle.

muslin, mousseline.

mustard, moutarde (condiment).

mustardujo, moutardier.

mustel, martre.

mut, muet (adj.).

mutulo, muet (subs.).

mutigi, rendre muet.

mutiĝi, devenir muet.

muteco, mutisme.

surda-mutulo, sourd-muet (subs.).

muz, muse.

muze, musée.

muzik, musique.

muziki, faire de la musique.

muzikanto, musicien (d'occasion).

muzikisto , musicien (de profession).

N

n, marque le complément direct et le lieu où l'on va (acc.). Ex. : *Li amas sian patron*, il aime son père — *Mi iras Parizon*, je vais à Paris.

naci, nation.

nacieco, nationalité.

internacia , international.

internacieco, internationalité.

nadir, nadir (astr.).

naĝ, nager.

naĝado, natation.

naĝada, natatoire.

naĝilo, nageoire.

naĝejo, piscine.

fornaĝi, fuir (à la nage).

naiv, naïf.

naiveco, naïveté (caractère naïf).

naivaĵo, naïveté (trait de naïveté).

naivega, niais, benêt.

najbar, voisin (qui se trouve à proximité de).

najbara, voisin.

najbareco, voisinage (situation de ce qui est à proximité).

najbaraĵo, voisinage (lieux situés à proximité).

najl, clou.

najli, clouer.

najtingal, rossignol.

nanken, nankin (toile).

nap, navet.

narcis, narcisse.

narkotik, narcotique (subs.).

nask, enfanter, engendrer, produire.

nasko, enfantement, génération.

naskiĝi, naître.

naskiĝo, naissance.

Kristnasko, Noël.

dunaskito, jumeau.

duanaskito, cadet.

natur, nature.

natura, naturel.

supernatura, surnaturel.

naturscienco, histoire naturelle.

naturisto, naturaliste (celui qui s'adonne spécialement à l'étude de la nature).

naturalism, naturalisme (philos.).

naturalist, naturaliste (partisan du naturalisme).

*naŭ, neuf (9).

naŭa, neuvième (adj.).

naŭono, neuvième.

naŭz, donner des nausées, donner mal au cœur.

naŭzo, nausée.

Tio ĉi naŭzas al mi, cela me donne mal au cœur. — Mi sentas naŭzon, j'ai mal au cœur, j'ai des nausées.

navigaci, navigation.

naz, nez.

naza, nasal.

nazparoli, nasiller.

nazumo, pince-nez, lorgnon.

Purigi la nazon, se moucher.

naztuko, mouchoir.

nazeto, bec (d'un vase).

*****ne**, non, ne, ne... pas.

nei, nier.

neo, négation.

neigebla, niable.

nebul, brouillard.

nebula, de brouillard, nébuleux.

nebuleco, nébulosité (qualité).

nebuli, faire du brouillard.

Nebulas, il fait du brouillard.

nebulego, brume.

nebulega, de brume, brumeux.

neces, nécessaire.

neceso, nécessité (en elle-même), le nécessaire.

neceseco, nécessité (caractère de ce qui est nécessaire).

necesujo, nécessaire (coffret, étui).

necesejo, cabinet d'aisances.

necesega, indispensable, d'une nécessité impérieuse.

neĝ, neige.

neĝi, neiger. *Neĝas*, il neige.

negliĝ, (un) négligé.

negoc, affaire (commerciale, industrielle; toute occupation qui a pour but un profit pratique). Ex. : *Fari negocon kun iu*, faire une affaire avec quelqu'un.

negr, nègre (subs.).

*****nek**, ni.

nek — nek, ni — ni.

nekrolog, nécrologue.

nekrologi, nécrologie.

nekrologia, nécrologique.

nektar, nectar.

*****nenia**, aucun, nul.

*****neniam**, jamais, en aucun temps.

*****nenie**, nulle part.

*****neniel**, nullement, d'aucune façon.

*****nenies**, de personne, à personne (qui n'appartient à personne).

*****nenio**, rien.

neniigi, détruire entièrement, anéantir.

neniiĝi, s'anéantir.

neniigo, destruction, anéantissement (qu'on fait subir).

neniiĝo, anéantissement (qu'on subit).

*neniu, personne.

neologism, néologisme.

nep, petit-fils.

genepoj, (les) petits-enfants (d'un aïeul).

nepino, petite-fille.

pranepo, arrière-petit-fils.

nepotism, népotisme.

nepr, d'une manière tout à fait sûre, immanquablement.

nerv, nerf.

nerva, des nerfs, nerveux.

nervaro, système nerveux.

nervdoloro, névralgie.

nest, nid, repaire, tanière.

Konstrui neston, bâtir son nid.

net, net (l'opposé du brouillon).

malneto, (le) brouillon.

neŭralgi, névralgie.

neŭtral, neutre.

nev, neveu.

nevino, nièce.

genevoj, neveu et nièce.

pranevo, arrière-neveu.

*ni, nous.

nia, nôtre.

(la) nia, le nôtre, la nôtre.

niĉ, niche (enfoncement pour statue, poêle, etc.).

nigr, noir (adj.).

nigro, noir (la couleur).

nigreco, noirceur.

nigrigi, noircir (trans.), rendre noir.

nigriĝi, noircir (intrans.), devenir noir.

nigrablua, bleu-noir.

dubenigra, noirâtre.

nikel, nickel.

nikeli, nickeler.

nikotin, nicotine.

nimf, nymphe.

nivel, niveau (degré).

nivelilo, niveau (instr.).

niz, épervier (zool.).

nj, après les 1-5 premières lettres d'un nom féminin, lui donnent un caractère diminutif et caressant. Ex. : *Mario*, Marie; *Manjo*, petite Marie, chère Marie. — *Patrino*, mère; *panjo*, petite mère, mère chérie.

nobel, noble, gentilhomme.

malnobelo, roturier (subs.).

nobeleco, noblesse

(qualité de gentilhom-
me).

nobelaro, noblesse (ensemble des gentils-
hommes).

nobeligi, anoblir.

nobl, noble (adj.).

nobleco, noblesse
(qualité de ce qui est
noble; élévation au-
dessus de ce qui est or-
dinaire).

nobligi, ennoblir.

nokt, nuit.

nokta, de nuit, noc-
turne.

nokte, pendant la nuit,
de nuit, la nuit.

noktiĝi, se faire nuit.

noktiĝas, la nuit vient,
il se fait nuit.

noktomezo, minuit.

nom, nom.

nomi, nommer (distin-
guer un être ou une chose
par un mot qui les dé-
signe individuellement;
— désigner un être ou
une chose par leur
nom).

nome, nommément, à
savoir.

nomfesto, fête patro-
nymique.

samnoma, homony-
me (adj.).

samnomulo, homo-
nyme (subs.).

alnomo, surnom.

alnomi, surnommer.

Mi estas nomata... je
me nomme (je suis
nommé).

nombr, nombre.

nombra, de nombre,
relatif au nombre.

ununombro, singu-
lier (subs.).

multenombro, pluriel.

grandanombre, en
grand nombre.

nominal, nominal.

nominala valoro, va-
leur nominale.

nominalism, nominalis-
me (philos.).

nominativ, nominatif.

nord, nord, septentrion.

norda, septentrional.

norde, au nord.

normal, normal (qui suit
sa voie régulière).

nenormala, anormal.

not, noter, prendre une
chose en note.

noto, note.

notkanti, solfier.

notari, notaire.

nov, nouveau.

noveco, nouveauté
(caractère de ce qui
est nouveau).

novaĵo, nouveauté (chose nouvelle), nouvelle.

renoviĝi, se renouveler.

renovigo, renouvellement (qu'on fait subir), rénovation.

renoviĝo, renouvellement (qu'on subit).

renoviga, rénovateur.

renoviganto, rénovateur (subs.).

renovigebla, renouvelable (adj.).

malnova, ancien.

malnoveco, ancienneté.

malnovaĵo, (une) vieillerie, antiquaille.

novlatina, néolatin.

novlatinoj, néolatins (subs.).

novnaskito, nouveau-né.

novjartago, jour de l'an.

novembr, novembre.

novic, novice (qui aborde une chose où il est inexpérimenté ; qui, ayant nouvellement embrassé la vie religieuse, subit l'épreuve du noviciat).

noviceco, noviciat.

* **nu**, eh bien !

nuanc, nuance.

nuanci, nuancer.

nuanciĝi, se nuancer.

nub, nuage, nue.

nuba, de nuage, nuageux.

fari nuban vizaĝon, prendre un visage renfrogné, faire la mine.

nubego, nuée.

nud, nu.

nudpieda, nu-pieds.

nuk, nuque.

nuks, noix (en général).

nul, zéro.

nuligi, annuler.

nuligo, annulation.

numer, numéro.

* **nun**, maintenant, actuellement, présentement.

nuna, actuel, présent.

nuneco, actualité (état).

nunaĵo, actualité (chose actuelle).

nunci, nonce.

* **nur**, seulement, ne... que.

nutr, nourrir.

nutrado, nourriture (action de nourrir).

nutraĵo, nourriture (ce qui nourrit).

O

o, marque le substantif. Ex. : *Homo*, homme (espèce).

oaz, oasis.

obe, obéir.

> obeo, obéissance.
>
> obea, d'obéissance, obéissant.
>
> malobei, désobéir.
>
> malobeo, désobéissance.
>
> malobea, de désobéissance, désobéissant.

obelisk, obélisque.

objekt, objet, chose, sujet (matière pour).

obl, marque les numéraux multiplicatifs. Ex.: *Du*, deux ; *duobla*, double.

> duobligi, doubler.

oblat, pain à cacheter.

obligaci, obligation (finance).

oblikv, oblique, biais.

observ, observer (suivre avec attention), surveiller.

> observo, observado, observation, surveillance.
>
> observema, porté à l'observation, à la surveillance.
>
> observemo, penchant à l'observation, à la surveillance.
>
> observanto, observateur (celui qui observe).
>
> observisto, surveillant (de profession).

observatori, observatoire.

obstin, obstiné, entêté, opiniâtre.

> obstini, s'obstiner, s'entêter, s'opiniâtrer.
>
> obstino, action de s'obstiner, de s'entêter, de s'opiniâtrer.
>
> obstineco, obstination, entêtement, opiniâtreté.

obstrukc, obstruction, engorgement.

> obstrukci, obstruer, engorger.

ocean, océan.

Oceani, Océanie.

od, ode.

odoometr, odoomètre.

odor, sentir (avoir l'odeur de qq. ch.).

odoro, odeur.

odora, odorant.

senodora, inodore.

bonodoro, parfum (odeur agréable).

bonodori, répandre, exhaler une bonne odeur.

malbonodoro, puanteur.

malbonodora, fétide.

malbonodori, puer.

oer, or (monnaie).

ofend, offenser, blesser (qqn. dans sa dignité).

ofendo, offense.

ofenda, offensant.

ofendanto, offenseur.

ofendiĝemo, susceptibilité.

ofer, sacrifier (pas offrir, qui est *prezenti* ou *proponi* suivant le sens).

ofero, sacrifice.

oferdono, offrande.

oferbuĉi, immoler.

oferemo, penchant au sacrifice.

oferema, porté au sacrifice.

monofero, offrande d'argent.

monoferado, souscription (d'argent).

ofic, office, emploi.

oficisto, employé (subs.), officier (celui qui a un office civil ou militaire).

oficista, officiel (au sens philatélique).

oficejo, bureau, office.

oficial, officiel.

oficialigi, rendre officiel.

oficir, officier.

oft, souvent.

ofta, fréquent.

malofta, rare.

ofteco, fréquence.

oftigi, rendre fréquent.

oftiĝi, devenir fréquent.

maloftigi, rendre rare.

maloftiĝi, devenir rare.

plioftigi, rendre plus fréquent.

plioftiĝi, devenir plus fréquent.

maloftaĵo, (une) rareté.

ogiv, ogive.

ojstr, œstre (insecte).

* ok, buit.

oka, huitième (adj.).

okono, huitième (subs.).

okaz, avoir lieu, arriver se produire.

okazo, occasion, oc-currence, cas.

okaza, fortuit, acci-dentel.

okaze, fortuitement, accidentellement.

se okaze fariĝus ke... s'il se produisait ac-cidentellement que... (Litt. : s'il se faisait.)

okcident, occident, ouest, couchant.

okr, ocre.

oksid, oxyde.

oksigen, oxygène.

oksikok, canneberge.

oktav, octave (mus.).

oktobr, octobre.

okul, œil.

okula, d'œil, oculaire.

okulisto, oculiste.

okulharoj, cils.

okulvitroj, lunettes.

okulmezure, à vue d'œil.

okup, occuper (tenir en sa possession soit un lieu, soit une personne dont on absorbe l'esprit, le cœur, le temps). Ex.: *La solda-toj okupis la kastelon dum unu monato*, les soldats occupèrent le château pendant un mois. — *La memoro pri li okupas vian tutan penson*, son souvenir occupe toute votre pensée. — *Tiu ĉi la-boro okupos min anko-raŭ longe*, ce travail m'occupera encore longtemps.

ekokupi, prendre pos-session, commen-cer à occuper. Ex : *La malamikoj ekoku-pis la urbon*, les en-nemis prirent pos-session de la ville, s'en emparèrent.

okupo, okupado, oc-cupation (ce qui prend le temps, l'activité de quelqu'un).

ekokupo, occupation (action de prendre pos-session d'un lieu, de s'y établir).

okupata, occupé (ac-tuellement).

okupita, occupé (qui l'a été).

senokupa, inoccupé, oisif, désœuvré.

senokupo, oisiveté, désœuvrement.

neokupata, inoccupé, vacant.

okzal, oseille.

***ol**, que (dans compar.).

ole, huile.

olea, d'huile, relatif à l'huile.

oleeca, huileux.

olefabriko, huilerie.

oleisto, huilier (fab.).

oleujo, huilier (ustensile).

olei, huiler.

sanktoleo, huile sainte.

sanktolei, oindre d'huile sainte.

oligarĥi, oligarchie.

oliv, olive.

olivujo, olivier.

olivforma, olivaire.

omar, homard.

ombr, ombre (pas fantôme).

ombraĵo, ombrage.

ombrel, parapluie.

sunombrelo, parasol, ombrelle. ,

omnibus, omnibus.

on, marque les nombres fractionnaires. Ex. : *Kvar*, quatre; *kvarono*, quart.

ond, onde, vague.

ondego, lame (grosse vague qui se déploie en nappe plus ou moins étendue).

ondolinia, ondulé.

onglet, onglet (reliure).

*oni, on.

oniks, onyx.

onkl, oncle.

onklino, tante.

geonkloj, oncle et tante (réunis).

onobrik, sainfoin.

ont, marque le participe futur d'un verbe actif. Ex. : *Fari*, faire; *faronta*, devant faire. qui fera.

ontologi, ontologie.

op, marque les numéraux collectifs. Ex. : *Du*, deux; *duopa*, qui se fait à deux.

ope, collectivement.

opal, opale.

oper, opéra.

operaci, opération (chirurgicale).

operacii, opérer (chir.).

opi, opium.

opini, avoir comme opinion, estimer (que).

opinio, opinion.

oportun, commode (adj.).

oportuno, commodité.

oportuneco, état de commodité, qualité d'être commode.

pro oportuno, pour la commodité (littér. : à cause de commodité,

par raison de commo-
dité).

optik, optique (science).

optika, optique (adj.).

optikisto, opticien.

optimism, optimisme.

optimist, optimiste.

or, or (métal).

ora, d'or, en or.

orajo. objet en or.

orajisto, orfèvre.

ori, dorer.

orŝtofo, brocart.

orakol, oracle.

oranĝ, orange.

oranĝujo, **oranĝarbo**, oranger.

oranĝa, orangé.

oranĝeri, orangerie (serre).

ord, ordre (disposition ré-gulière des choses, les unes par rapport aux au-tres. Pas le commande-ment, qui est *ordono*).

orda, d'ordre, en ordre.

ordigi, ranger. mettre en ordre.

ordigo, rangement, mise en ordre.

malorda, dérangé, en désordre.

malordigi, déranger, (dans le sens de) met-tre en désordre.

malordigo, mise en désordre.

senordeco, dérange-ment, état de dé-sordre.

reordigi, remettre en ordre.

reordigo, remise en ordre.

ordema, ordonné (qui a l'habitude de l'ordre).

ordemo, l'habitude de l'ordre.

malordema, désor-donné (qui a l'habi-tude du désordre).

kunordigi, coordon-ner.

orden, ordre (honorif.).

ordinar, ordinaire (adj.).

neordinara, **eksteror-dinara**, extraordi-naire.

ordon, ordonner, com-mander, prescrire.

ordono, ordre, com-mandement, pres-cription.

orator, orateur.

orel, oreille.

orelringo, boucle d'oreille (comparez *kolringo*, collier, *man-ringo*, bracelet).

orf, orphelin (subs.).

orfino, orpheline.

orfa, orphelin (adj.).

orfeco, état d'orphelin.

organ, organe.

organism, organisme.

organiz, organiser.

orgen, orgue.

orient, orient, est.

original, original (subs.).

originala, original.

oriol, loriot.

orkestr, orchestre.

ornam, orner, parer, décorer.

ornamiĝi, s'orner, se parer.

ornamo, ornement, décoration, parure (action d'orner).

ornamaĵo, ornement, décoration, parure (chose qui orne).

ornamisto, décorateur.

orografi, orographie.

ortodoks, orthodoxe.

ortografi, orthographe.

ortopedi, orthopédie.

os, marque le futur.
Ex. : *Fari*, faire ; *mi faros*, je ferai.

osced, bâiller,

oscedo, bâillement.

ost, os.

ostaro, ossature.

ostiĝi, s'ossifier.

ostiĝo, ossification.

ostr, huître.

ostrujo, huîtrière.

ostracism, ostracisme.

ot, marque le participe futur passif. Ex. : *Fari*, faire ; *farota*, qui sera fait, qu'on fera.

ov, œuf.

ovaĵo, omelette.

ovblanko, blanc de l'œuf.

ovflavo, jaune de l'œuf.

ovforma, ovale (adj.).

ovujo, ovaire.

oval, ovale (subs.).

P

pac, paix.

paca, de paix, relatif à la paix, pacifique.

pacema, de caractère pacifique, enclin à la paix.

paculo, pacemulo, homme pacifique.

pace, pacifiquement, à l'amiable.

pacigi, réconcilier.

paciĝi, se réconcilier, faire la paix.

malpaco, brouille, différend, querelle.

malpaci, se brouiller, se quereller.

malpacigo, action de brouiller.

malpacema, porté à la discorde, d'un caractère querelleur.

malpaculo, **malpace-mulo**, homme querelleur, ami de la discorde, de la guerre.

interpaco, trêve, armistice.

pacienc, patience.

pacienca, de patience, patient.

pacienculo, homme patient.

havi paciencon, patienter, prendre patience.

pacience! patience!

paf, tirer (d'une arme à feu ou de jet).

pafisto, tireur (de profession).

pafejo, tir (lieu où l'on s'exerce au tir).

pafilo, fusil.

pafilego, canon.

pafarko, arc (arme).

pafarkisto, archer.

pafo, coup (décharge d'une arme), coup de fusil.

pafado, décharge continue, fusillade.

pag, payer.

pago, paiement.

paga, de paiement.

page, en payant.

senpaga, gratuit.

senpageco, gratuité.

senpage, gratis.

elpagi, s'acquitter (d'une dette; payer bien complètement).

parta pago, acompte.

pagkapabla, solvable.

pagod, pagode.

paĝ, page (d'un livre).

paĝordigisto, metteur en pages.

paĝi, page (jeune garçon).

pajl, paille, chaume.

pajla, de paille, en paille.

pajla tegmento, toit de chaume.

pak, empaqueter, emballer.

pakado, emballage, empaquetage.

pako, paquet.

paketo, petit paquet.
pakaĵo, bagages, colis.
enpaki, mettre dans un paquet.
elpaki, déballer.
pakisto, emballeur (de profession).
pal, pâle (décoloré, peu lumineux, peu coloré). Ex. : *Pala kiel mortinto*, pâle comme un mort. — *La pala lumo de la luno*, la pâle lumière de la lune; — *pale blua, verda,* etc., d'un bleu, d'un vert pâle, etc.
paligi, pâlir, rendre pâle.
paliĝi, pâlir, devenir pâle.
paleco, pâleur.
palega, blême.
palegiĝi, devenir blême, blêmir.
palegeco, état de celui qui est blême (blêmeur).
palac, palais (habitation).
palaca, de palais.
palanken, palanquin.
palat, palais (bouche).
palata, palatin, palatal.
paleografi, paléographie.

paleontologi, paléontologie.
paletr, palette (de peintre).
palinur, langouste.
palis, pieu, échalas.
palisaro, palis, palissade.
paliseto, étamine (bot.).
palisandr, palissandre.
palm, palmier.
palmobranĉo, palme.
palp, palper, tâter.
palpado, toucher (le sens), tact.
palpe, par le toucher, à tâtons.
palpebla, palpable.
palpebr, paupière.
palpebra, palpébral.
palpebrumi, cligner.
palt, paletot.
pamflet, pamphlet.
pan, pain.
panisto, boulanger.
panfarado, boulangerie (fabrication).
pankomerco, boulangerie (commerce).
panbutiko, boulangerie (boutique).
pantalon, pantalon.
panteism, panthéisme.
panteist, panthéiste.
panter, panthère.

9

pantofl, pantoufle.
pantomim, pantomime.
pap, pape.
papag, perroquet.
papav, pavot.
paper, papier.
> papera, de papier, en papier.
> paperujo, portefeuille.
> paperfaristo, fabricant de papier.
· paperisto, papetier.
> paperfarado, papeterie (fabrication).
> paperfarejo, papeterie (lieu de fabrication).
> paperkomerco, papeterie (commerce).
> paperbutiko, papeterie (boutique).
> *maldikega papero*, papier pelure.
papili, papillon.
papirus, papyrus.
par, paire, couple.
> para, pair.
> parnombro, nombre pair.
> nepara, impair.
parabol, parabole (math.).
parad, parader, faire parade, se pavaner.
> parado, parade, revue militaire.
paradiz, paradis.
paradoks, paradoxe.

paraf, paraphe.
parafraz, paraphrase.
> parafrazi, paraphraser.
paragraf, paragraphe.
paral, para (monnaie).
paraliz, paralyser.
> paralizo, paralysie.
> paralizito, paralytique.
parapet, parapet.
parazit, parasite (subs.).
> parazita, parasite (adj.).
parcimoni, parcimonie.
> parcimonia, parcimonieux.
pardon, pardonner.
> nepardonebla, impardonnable.
> pardonebleco, état de ce qui est pardonnable (pardonnabilité).
> *pardonu!* pardonnez, excusez!
paralel, parallèle (adj.).
> (*linio*) *paralela*, (ligne) parallèle.
> paralele kun, parallèlement à (avec).
paralelogram, parallélogramme.
parenc, parent (subs.).
> parenca, parent (adj.).
> parencaro, parenté (ensemble des parents).

parenceco, parenté (union par le sang ou par alliance entre diverses personnes).

parencigi, apparenter.

parenciĝi, s'apparenter.

parentez, parenthèse.

parfum, parfum.

parfumi, parfumer (imprégner d'un parfum).

parfumisto, parfumeur.

parfumfarado, parfumerie (fabrication).

parfumbutiko, parfumerie (boutique).

parget, parquet.

park, parc.

parker, par cœur, de mémoire.

parodi, parodie.

paroĥ, cure, paroisse.

paroĥestro, curé.

paroĥano, paroissien.

parlament, parlement.

parlamentano, (un) membre de parlement.

parlamenta, de parlement, relatif au parlement.

parodi, parodie.

parodii, parodier.

parol, parler.

parolo, parole (expression de la pensée par le langage articulé. Ne se confond pas avec *mot*, qui se rend par *vorto*.)

parolanto, orateur (l'homme en train de parler).

parolisto, orateur (de profession).

parolado, discours, conférence.

alparolo, allocution.

elparoli, prononcer, articuler.

elparolo, —ado, prononciation, articulation.

interparoli, s'entretenir avec quelqu'un.

interparolo, —ado, entretien.

interparolanto, interlocuteur.

kontraŭparoli, objecter.

kontraŭparolo, objection.

antaŭparolo, préface.

parolejo, parloir.

part, partie, part.

partigi, partager.

partopreni, participer, prendre part.

partoprenanto, participant, celui qui participe.

partopreno, participation.

partodoni, contribuer (apporter sa part).

partisto, coassocié.

parteto, parcelle.

partumo, fraction (math.).

parter, parterre (théâtre).

parti, parti.

partia, de parti, partial.

partieco, partialité.

sempartia, impartial.

senpartieco, impartialité.

particip, participe.

partitur, partition.

paru, mésange.

pas, passer (intrans). Ex. : *La tempo pasas*, le temps passe.

pasanto, passant (celui qui passe en un lieu).

pasigi, passer (trans. dans le sens de faire passer, de faire que passe....) Ex. : *Pasigi la tempon dormante*, passer le temps à dormir. — *Pasigu al mi la libron*, passez-moi le livre.

preterpasi, passer outre.

trapasi, traverser.

transpasi, passer au delà, outrepasser.

paŝ, faire des pas.

paŝo, pas.

paŝado, démarche.

alpaŝi, s'approcher de.

enpaŝi, entrer.

transpaŝi, aller au delà de, violer.

paŝego, enjambée

paŝegi, enjamber.

paŝo post paŝo, pas à pas.

pasament, passement.

pasamenti, passementer.

pasamentisto, passementier.

paser, passereau, moineau.

pasi, passion (pas la souffrance).

pasia, de passion, passionné.

pasie, passionnément.

pasiigi, passionner.

pasiiĝi, se passionner.

pasiiga, passionnant, pathétique.

pasiv, passif (adj.).

paskvil, livre, écrit

déshonorant, pam-phlet.

Pask, Pâques, Pâque.

pasport, passeport.

past, pâte.

paŝt, paître, (dans le sens de) faire paître.

  sin paŝti, paître (au sens intransitif).

  paŝtejo, pâturage (le lieu).

  paŝtisto, pasteur, berger (de profession).

pasteĉ, pâté.

  pasteĉeto, petit pâté.

pastel, pastille.

paŝtel, pastel.

  paŝtelisto, pastelliste.

pastiĉ, pasticher.

pastinak, panais.

pastr, prêtre, pasteur.

  pastraro, clergé.

  pastrara, du clergé, clérical.

  pastreco, état sacerdotal.

pat, poêle (à frire).

patent, document conférant un privilège, spécialement le brevet (d'une invention, d'un perfectionnement.).

patologi, pathologie.

patos, pathétique affecté, emphatique.

patr, père.

fonda patro, souche d'une famille (littér. : père fondateur).

patrino, mère.

patrina, maternel.

gepatroj, parents (père et mère).

patreco, paternité.

patrineco, maternité.

patrujo, patrie.

patruja, de la patrie.

sampatrujano, compatriote.

duonpatro, beau-père (parâtre).

prapatroj, ancêtres.

patriark, patriarche.

patriot, patriote.

patriotism, patriotisme.

patrol, patrouille.

patron, patrón (chef ou protecteur moral).

paŭz, pause (interruption).

  paŭzi, faire une pause.

pav, paon.

pavian, babouin.

pavim, (le) pavé.

  pavimi, paver.

  pavimero, (un) pavé.

pec, morceau.

  unupeca, d'un seul morceau.

  diverspeca, de divers morceaux.

  dispecigi, désassem-

bler, démonter.
mettre en pièces.

peĉ, poix.

pedagogi, pédagogie.

pedal, pédale.

pedant, (un) pédant.

  pedantino, (une) pé-
  dante.

pedel, appariteur.

pedik, pou.

peg, pic (oiseau).

pejzaĝ, paysage.

pek, pécher.

  peko, péché.

  peketo, peccadille.

  pekulo, pécheur.

  pekigi, induire au péché.

pekl, saler (des viandes,
  du poisson), imprégner
  de sel pour conser-
  ver.

  peklaĵo, salaison.

  peklita viando, viande
  salée (de conserve).

pel, chasser (faire fuir,
  pousser en avant).

  forpeli, chasser au
  loin, repousser.

  elpeli, chasser hors
  de, expulser.

  elpelo, expulsion.

  elpelito, (un) expulsé.

pelikan, pélican.

pelt, pelisse.

  peltisto, pelletier.

peltfarado, pelleterie.

pelv, bassin (le récipient
  portatif).

pen, tâcher, s'efforcer de.

  peno, effort.

  penado, long effort.

  pena, penema, qui fait
  effort, qui ne mé-
  nage pas ses efforts.

penc, penny.

pend, pendre (intrans. Être
  attaché par le haut à distance du sol).

  pendiĝi, devenir pendant, devenir sus-
  pendu.

  pendigi, pendre (trans.
  Attacher par le haut à
  distance du sol).

  pendigo, pendaison.

  pendigilo, potence.

  mempendigo, pendai-
  son (de soi-même).

  pendiginda, pendable.

  dependi, dépendre de,
  relever de.

  dependeco, dépen-
  dance.

  sendependeco, indé-
  pendance.

  pendglacio, glaçon
  pendant aux gout-
  tières, aux fon-
  taines, etc.

  elpendaĵo, enseigne.
  (ce qui pend ou **est**

cloué au-dessus d'une maison, d'un magasin pour les faire reconnaître).

pendol, pendule, balancier (d'une horloge).

penetr, pénétrer.

penetro, pénétration.

penetrebla, pénétrable.

nepenetrebleco, impénétrabilité.

penetriĝi, se pénétrer.

penik, pinceau.

pens, penser.

penso, (une) pensée.

pensado, (la) pensée (la faculté de penser).

ekpensi, s'aviser de.

pripensi, réfléchir.

pripenso, réflexion.

elpensi, inventer.

elpensinto, inventeur.

elpenso, invention.

pensulo, **pensisto**, penseur.

enpensiĝa, pensif.

pensi, pension (rente).

pensiulo, pensionnaire.

pent, se repentir.

pento, repentir, repentance.

pentofari, faire pénitence.

Pentekost, Pentecôte.

pentr, peindre.

pentrado, **pentrarto**, (la) peinture.

pentrajo, (une) peinture, (un) tableau.

pentristo, peintre.

peoni, pivoine.

pep, gazouiller, piauler, piailler (oiseaux).

pepado, gazouillement, piaulement.

pepsin, pepsine.

'per, par, au moyen de, à l'aide de. (Marque l'instrument de l'action).

pera, médiat, indirect.

pere, médiatement, indirectement.

senpera, immédiat, direct.

senpere, immédiatement, directement (sans intermédiaire).

peri, moyenner, procurer par son entremise.

peranto, intermédiaire, entremetteur.

percept, perception (phil.).

perĉ, perche goujonnière, grémille.

perd, perdre (voir disparaître). Ex.: *Li ĵus perdis sian patron*, il vient de perdre son père. *Mi perdis mian monon*, j'ai perdu mon argent.

perdiĝi, se perdre (disparaître). Ex. : *La ŝipo perdiĝis*, le bateau s'est perdu.

perdo, perte (disparition d'une personne, d'une chose qui nous échappe).

perdrik, perdrix.

pere, périr, se perdre (être enlevé par une mort violente ; être détruit).

pereigi, faire périr, amener à sa perte.

pereo, perte (ruine qui frappe une personne ou une chose).

pereema, périssable.

pereiga, qui fait périr, qui cause la perte.

perfekt, parfait.

perfekteco, perfection.

perfektigi, perfectionner.

perfektiĝi, se perfectionner.

perfektigo, perfectionnement (qu'on opère).

perfektiĝo, perfectionnement (qu'on subit).

perfektebla, perfectible.

neperfekta, imparfait.

neperfekteco, imperfection (état de ce qui est imparfait).

perfid, trahir.

perfido, trahison.

perfida, perfide, traître (adj.).

perfideco, perfidie (caractère perfide).

perfidaĵo, perfidie (action perfide).

perfidulo, (le) traître.

pergamen, parchemin.

perige, périgée.

perimetr, périmètre.

period, période.

perioda, périodique.

periodeco, périodicité.

peristil, péristyle.

periton, péritoine.

perk, perche (poisson).

perl, perle.

perla, perlé (bord, cercle).

perlamot, nacre.

permes, permettre (donner liberté de faire qqch., mais non donner la possibilité de faire quelque chose, qui est *ebligi*).

permeso, permission.

malpermesi, défendre,

prohiber, interdire.

malpermeso, défense, prohibition, interdiction.

malpermesa, prohibitif.

permesebla, qui peut être permis.

nepermesebla, qui ne peut pas être permis.

forpermesi, congédier, donner congé.

forpermeso, congé (permission de partir).

peti forpermeson, prendre congé (de quelqu'un). Ex. : *Mi petis de li forpermeson*. Je pris congé de lui.

peron, perron.

perpendikular, perpendiculaire (adj.).

persekut, poursuivre, persécuter (en justice aussi).

persekuto, **persekutado**, poursuite, persécution.

persik, pêche.

persikujo, pêcher.

persist, persévérer, persister.

persisto, persévérance, persistance (action).

persista, qui persévère, qui persiste.

persisteco, persévérance, persistance (qualité).

person, (une) personne.

persona, personnel (qui concerne une personne). Ex. : *Fari al iu servon personan*, rendre à quelqu'un un service personnel.

personigo, personnification.

persone, personnellement.

perspektiv, perspective.

peruk, perruque.

perukisto, perruquier.

pes, peser (prendre, vérifier le poids).

peso, pesée.

pesilo, balance.

pes, pesa (monnaie).

peset, peseta.

pest, peste (maladie).

pestulo, pestiféré.

pet, prier, demander (presser qqn. d'accorder qqch.). Ex. : *Petu ke li venu*, priez-le de venir. (Littér. : qu'il vienne.) *Pri kio vi petas min*, ou *kion vi petas de mi?* Que me demandez-vous ? (Littér. : au sujet de quoi me priez-vous ? ou que demandez-vous de moi ?)

peto, demande, prière. (Mais nullement la prière à Dieu ou aux saints, qui est *preĝo*. Ex. : *Kion vi petas de Dio en via preĝo ? Que demandez-vous à Dieu dans votre prière ?*)

petegi, supplier, conjurer.

petskribo, pétition (requête écrite).

propetanto, intercesseur.

almozpeti, mendier.

mi petas, s'il vous plaît. (Litt. : je prie.)

petard, pétard.

petol, polissonner, faire des bêtises, des espiègleries, folâtrer.

petola, polisson, espiègle, folâtre (adj.).

petoleco, polissonnerie, espièglerie.

petolaĵo, polissonnerie, espièglerie (acte).

petolulo, (le) polisson, (l') espiègle.

petrol, pétrole.

petromiz, lamproie.

petrosel, persil.

pez, peser (avoir un poids

déterminé, avoir du poids).

pezo, poids (ce que pèse un corps).

pezilo, poids (masse servant à peser).

peza, pesant, qui a du poids.

multepeza, pesant, qui a beaucoup de poids, lourd.

senpeza, léger.

plipezo, surpoids.

pfenig, pfenig.

pi, pieux, religieux.

pieco, piété.

piulo, homme pieux.

malpia, impie, irréligieux.

malpieco, impiété.

piastr, piastre.

pice, picéa, épicéa.

pied, pied.

piediri, aller à pied.

piediranto, piéton.

piedira, pédestre.

piedire, pédestrement, à pied.

dupieda, bipède (adj.).

kvarpiedulo, (un) quadrupède.

pieda signo, trace de pas.

piedfrapadi, trépigner.

piedfrapado, trépignement.

piedvesto, chaussure.

vesti la piedojn, se chausser.

senvestigi la piedojn, se déchausser.

tripiedo, trépied.

piedingo, étrier.

piedestal, piédestal.

pig, pie (oiseau).

pigme, pygmée.

pik, piquer (entamer légèrement avec une pointe).

piko, piquage et pique (aux cartes).

pika, piquant.

pikema, porté à piquer (au figuré).

pikilo, aiguillon, dard, piquant.

pikilego, pic.

trapiki, transpercer.

trapika, qui transperce.

piked, piquet (milit. et de cartes).

pil, pile (de livres, de pièces, de pierres, électrique).

pilgrim, aller en pèlerinage.

pilgrimanto, pèlerin.

pilk, balle (à jouer).

pilol, pilule.

pilot, pilote.

pin, pin.

pinĉ, pincer (serrer entre).

pinĉo, pincement.

pingl, épingle.

pinglo por haroj, épingle à cheveux.

pini, sapin argenté.

pint, pointe, cime, faîte.

pinta, en pointe, pointu.

pintigi, appointer.

pionir, pionnier.

pip, pipe.

pipa tubo, tuyau de pipe.

pipr, poivre.

pipri, poivrier.

pips, pépie.

pir, poire.

pirujo, pirarbo, poirier.

piramid, pyramide.

pirit, pyrite.

pirol, bouvreuil.

piroz, pyrosis (méd.).

pist, piler, broyer.

pistilo, pilon.

pistujo, mortier.

piŝt, piston (mécan.).

pistak, pistache.

pistol, pistolet.

piz, pois.

plac, place (publique).

plaĉ, plaire (offrir de l'attrait). Ne forme pas l'expression de politesse correspondante à « s'il vous plaît », qui se rend par *mi* *petas*. Voir au mot *pet*.

plaĉa, plaisant.

malplaĉa, déplaisant.

plad, plat (vaisselle).

pladeto, soucoupe.

plafon, plafond.

plan, plan (pas le plan géométrique, qui est *plato*).

pland, plante du pied, semelle.

alplando, semelle intérieure d'une chaussure.

planed, planète.

plank, plancher.

plankfrotisto, frotteur.

plant, planter.

planto, **plantado**, plantation (action).

plantejo, plantation, pépinière.

plastr, emplâtre.

plat, plat, et plan (adj.).

plato, plan (géométrie).

platajo, surface plane, plate-forme, palier.

plateco, platitude (caractère de ce qui est plat ou plan).

plate, à plat.

platigi, aplatir.

platiĝi, s'aplatir.

platiĝo, aplatissement (qu'on subit).

lada plato, plaque de tôle.

platan, platane.

platen, platine.

plaŭd, battre [surtout un liquide] avec la paume de la main.

pled, plaider.

pledado, plaidoyer.

* **plej**, le plus. Ex. : *La plej bela el ĉiuj*, le plus beau de tous. — *Ŝi agis plej saĝe, farante tion*, elle a agi le plus sagement en faisant cela.

malplej, le moins.

pleje, le plus, le plus souvent. Ex. : *Li donis pleje*, il a donné le plus. — *Pleje okazas ke*, il arrive le plus souvent, la plupart du temps que...

malpleje, le moins. Ex. : *Li donis malpleje*, il a donné le moins. — *Malpleje okazas ke*, il arrive le moins souvent que...

plekt, tresser, nater.

kunplekti, tresser

ensemble, enlacer.

interplekti, entrelacer.

plektbarilo, haie.

plektaĵo, la matière tressée.

plen, plein, complet.

pleneco, plénitude.

plenega, plein à déborder, comble.

plenigi, emplir, compléter.

pleniĝi, s'emplir, se compléter.

plenumi, accomplir, remplir (dans le sens d'accomplir). Ex. : *Por plenumi vian deziron*, pour remplir (accomplir) votre désir.

plenumiĝi, s'accomplir. Ex. : *Via volo plenumiĝu*, que votre volonté s'accomplisse!

plenaĝo, majorité (âge fixé par la loi pour user et jouir de ses droits).

plend, se plaindre (exprimer d'une manière quelconque sa peine, sa souffrance, son mécontentement.)

plendo, plainte.

pleonasm, pléonasme.

plet, plateau (pièce plate, mais non la surface plate d'un terrain, qui est *platajo*).

plezur, plaisir.

plezure, kun plezuro, avec plaisir.

malplezuro, déplaisir, peine.

pli, plus (dans une comparaison et comme préfixe, mais pas pour rendre l'expression « ne... plus », qui se dit *ne... plu*).

pli kaj pli, de plus en plus.

pli aŭ malpli, plus ou moins.

multe pli, beaucoup plus.

plie, de plus, en plus.

malplie, de moins, en moins.

plialtigi, hausser.

plibeligi, rendre plus beau, embellir.

pligrandigi, rendre plus grand, agrandir.

plimulto, plupart.

plik, plica, plique (méd.).

plor, pleurer.

ploreti, pleurnicher.

ploregi, pleurer à chaudes larmes.

plot, gardon (poisson).

* **plu**, plus avant, davantage, au delà. Ex. :
Mi ne faros unu paŝon plu, je ne ferai pas un pas au delà, un pas de plus.

plua, ce qui se continue ultérieurement.

plue, avec continuation ultérieure.

ne... plu ou *plu... ne*, ne... plus. Ex. :
Tiam li ne ridos plu, alors il ne rira plus.

plug, labourer (charrue).

plugilo, charrue.

plum, plume (des oiseaux et à écrire).

pluma, de plume.

plumingo, porte-plume.

senplumigi, plumer, déplumer.

senplumiĝi, se déplumer.

plumaro, plumage.

plumb, plomb.

plumbi, plomber.

pluŝ, peluche.

pluv, pluie.

pluvi, pleuvoir. Ex. :
Pluvas, il pleut.

pluvego, averse.

pneŭmatik, pneumatique.

* **po**, au taux de, à raison de, sur le pied de. Ex. :
Mi pagis ĉiun el ili po 5 frankoj, j'ai payé chacun d'eux à raison de 5 francs. *Se vi legos tiun ĉi libron po 15 paĝoj en ĉiu tago, vi ĝin finos en 4 tagoj*, si vous lisez ce livre sur le pied de 15 pages par jour, vous le finirez en 4 jours.

poduono, par moitié.

pogrande, en gros.

pomalgrande, en détail.

podagr, goutte (maladie).

poem, poème.

poet, poète.

poezi, poésie.

poent, point (au jeu).

pokal, coupe. Cette racine désigne spécialement le vase (à pied et évasé) d'argent, d'or, de cristal, etc., dont on se sert pour boire. *Kalik*, au contraire, a une signification générale. Ainsi nous pouvons dire *la kaliko de la floroj*.

polemik, polémique.

polic, police (chargée du

maintien de l'ordre et do la sécurité publique).

policisto, policier.

policestro, chef de la police.

polica komisaro, commissaire de police.

polica prefekto, préfet de police.

policano, sergent de ville, agent de police.

poligon, blé noir, sarrasin.

polip, polype.

politeknik, polytechnique.

politik, politique (subs.).

politika, politique (adj.).

politikisto, politicien.

polur, poli (subs.).

poluri, polir.

polus, pôle.

polv, poussière.

polvero, grain de poussière.

pom, pomme.

pomujo, **pomarbo**, pommier.

terpomo, pomme de terre.

pomvino, cidre.

pomad, pommade.

ponard, poignard.

ponardego, épieu, pique.

pont, pont.

ponteto, passerelle.

popl, peuplier.

poplit, jarret.

popol, peuple.

popolamaso, populace, plèbe.

popolamasulo, plébéien.

popular, populaire (connu dans toutes les sphères du peuple).

* **por**, pour, au bénéfice de, en faveur de, en échange de. (Marque la destination).

porcelan, porcelaine.

porcelana, de porcelaine, en porcelaine.

porci, portion (part qui revient à chacun).

pord, porte.

pordego, porte cochère, grande porte.

pordisto, portier, concierge.

pordhoko, gond.

porel, poireau.

porfir, porphyre.

pork, porc (espèce porcine).

porkino, truie.

porko-viro, verrat.

porkido, cochon de lait.

port, porter.

porto, **portado**, port (action de porter).

alporti, apporter.

alportaĵo, apport.

forporti, emporter.

disporti, porter de côté et d'autre.

disportiĝi, se répandre de côté et d'autre.

elporti, supporter, (dans le sens de) endurer.

elportebla, supportable, endurable.

neelportebla, insupportable, inendurable.

transporti, transporter.

transporto, transport, port.

transporta pago, port (prix).

reporti, reporter (porter une chose au lieu où elle était auparavant).

portaĵo, charge, faix (ce qu'on porte).

portilo, brancard, civière.

portanto, porteur (d'occasion)

portisto, porteur (de profession).

portepe, porte-épée, ceinturon.

porter, double bière, porter.

portret, portrait.

poŝ, poche.

poŝhorloĝo, montre.

posed, posséder (avoir en sa possession, en son pouvoir).

posedo, possession (faculté actuelle de jouir d'un bien).

poseda, possessif.

poseda pronomo, pronom possessif.

posedanto, possesseur.

* **post**, après (prép.).

posta, d'après, postérieur, ultérieur.

poste, ensuite, postérieurement, après (adv.).

posto, derrière (la partie postérieure).

postaĵo, derrière, croupe.

posteulo, descendant, successeur.

poŝt, poste (transport public des correspondances privées).

poŝta, de poste, postal.

poŝte, postalement.

poŝta kesto, boîte aux lettres (de la poste).

poŝta marko, *poŝt-marko* (moins doux), timbre-poste.

poŝta oficejo, bureau de poste.

poŝta mandato, mandat-poste.

poŝta karto, *poŝtkarto* (moins doux), carte postale.

poŝta stampo, estampille, timbre de la poste.

poŝta oficisto, employé de la poste.

poŝtisto, facteur.

poŝtestro, receveur.

posten, poste (milit.).

antaŭposteno, avant-poste.

postul, exiger (demander rigoureusement qqch. en vertu de son droit, de son autorité, de sa force). Ex. : *Mi postulas nek ĵuron, nek promeson*, je n'exige ni serment, ni promesse. *Tion la cirkonstancoj postulis*, les circonstances l'exigeaient.

postulo, exigence.

postulebla, exigible.

postulebleco, exigibilité.

pot, pot.

potisto, potier.

potfarejo, poterie (lieu).

potfarado, poterie (art).

pota peco, tesson (de pot).

potas, potasse.

potenc, puissant.

potenco, puissance.

potenci, dominer.

potenculo, homme puissant.

pov, pouvoir (être en état de faire qqch., ayant la force, l'habileté ou le droit, l'autorité nécessaire).

povo, pouvoir (faculté qui met qqn. en état de faire qqch. — Empire qu'on a sur qqn. — Autorité de celui qui gouverne).

ĉiopova, tout-puissant.

poz, se poser, prendre une certaine attitude.

pozo, pose, action de se poser.

pozitiv, positif.

pra, arrière. — Ex. : *Pranepo*, arrière-petit-fils. *Praavino*, arrièregrand'mère. *Prakuzo*, arrière-cousin.

prapatroj, ancêtres.

praktik, pratique (subs.).

praktika, pratique (adj.).

praktiki, pratiquer.

pram, bac.

prav, qui a raison. Ex. : *Vi estas prava*, vous avez raison.

praveco, qualité de ce qui a raison. Ex. : *La praveco de lia opinio estas evidenta*, la justesse (?) de son opinion est évidente.

pravigi, justifier, disculper (litt : faire qu'on ait raison, montrer qu'on a raison).

precip, surtout, principalement.

precipa, principal.

preciz, précis (adj.).

precizeco, précision.

precizigi, préciser.

preciziĝi, se préciser.

predik, prêcher.

prediko, **predikado**, prédication.

predikanto, prédicateur (d'occasion).

predikisto, prédicateur (de profession).

predikat, attribut (gram.).

prefekt, préfet.

subprefekto, sous-préfet.

prefer, préférer.

prefero, préférence.

preferinda, digne de préférence, préférable.

preferindeco, qualité d'être digne de préférence (préférabilité).

prefere, de préférence, par préférence, plutôt...

preĝ, prier (rendre hommage à la Divinité ou aux saints).

preĝo, prière.

preĝejo, église.

preĝejeto, chapelle, oratoire.

prem, presser, serrer.

premo, pression, serrement.

premegi, écraser sous la pression (aplatissement).

dispremi, écraser (avec rupture, division des parties).

alpremi, presser, serrer contre.

subpremi, presser sous tel poids, telle force, opprimer.

kunpremi, comprimer.

kunpremebla, compressible.

kunpremebleco, compressibilité.

korpremata, anxieux.

korpremeco, anxiété.

premi, prime, prix (récompense).

pren, prendre (pas attraper, qui est *kapti*; voler, qui est *ŝteli*; ni usurper, qui est *uzurpi*).

preno, prise, préhension (action de prendre) et levée (aux cartes).

preni sur sin, se charger de.

depreni, ôter de.

forpreni, enlever.

kunpreni, prendre avec soi, emporter.

preneto, pincée.

prenilo, tenaille.

prenileto, pince.

fajroprenilo, pincette.

preni indecan mienon, prendre un air de dignité.

prepar, préparer.

preparo, preparado, préparation.

prepara, de préparation, préparatoire.

senprepara, qui est sans préparation.

prepozici, préposition.

prerogativ, prérogative.

pres, imprimer.

preso, presado, impression.

presa, d'impression.

presisto, imprimeur.

presejo, imprimerie.

enpresaĵo, insertion.

* preskaŭ, presque.

pret, prêt, disposé.

pretigi, apprêter.

pretiĝi, s'apprêter.

preteco, qualité d'être prêt, disposé.

pretekst, prétexte.

preteksti, prétexter.

pretend, prétendre.

pretendo, prétention (action de prétendre).

pretendanto, prétendant (trône).

* preter, outre (la valeur exacte de ce mot est donnée par l'expression *passer outre*, qui signifie aller plus loin. Nous l'avons encore dans *outrepasser*).

preteraĵo, excédent.

preteriri, dépasser (dans sa marche, une personne ou un lieu, aller plus loin que n'est cette personne ou ne se trouve ce lieu).

preterpasi, outrepasser.

preterlasi, laisser passer, laisser échapper, manquer (laisser aller outre). Ex. : *Preterlasi la okazon*, laisser passer, échapper, manquer l'occasion. *Preterlasi la limtempon*, laisser passer la limite de temps, le terme (littér. : temps limite).

prez, prix (pas la récompense donnée à celui qui l'emporte sur des concurrents, et qui se dit *premio*).

prezaro, **preztabelo**, liste des prix, prix-courant. *fiksa prezo*, prix fixe. *modera prezo*, prix modéré.

prezent, présenter, représenter, offrir (mais pas dans le sens de proposer, qui est *proponi*).

prezento, **prezentado**, présentation et représentation (théâtrale).

prezid, présider.

prezido, présidence.

presidanto, président.

***pri**, sur, touchant, au sujet de, quant à. Ex. : *Li parolis al mi pri sia infano*, il m'a parlé de son enfant.

primol, primevère.

primitiv, primitif.

princ, prince, souverain.

princino, princesse.

princido, jeune prince.

princlando, principauté.

princidino, jeune princesse.

printemp, printemps.

printempa, printanier.

privat, privé, particulier.

privilegi, privilège.

***pro**, à cause de, pour (mais jamais dans le sens de : au bénéfice de, en faveur de, qui se dit *por*. — La préposition *pro* marque la cause ; la préposition *por* marque la destination).

probatalanto, champion.

propetanto, intercesseur.

problem, problème.

proced, procéder.

procedo, procédé.

procent, intérêt (de l'argent).

procentego, usure.

procentegisto, usu-
rier

proces, procès.

procesi, être en pro-
cès, faire un procès.

procesema, processif
(qui aime les procès).

procesi, procession.

produkt, produire
(mettre au jour).

**produkto, produkta-
do**, production.

produktajo, produit.

reprodukti, repro-
duire.

profesi, profession
(genre d'occupation que
qqn exerce notoirement).

profesia, profession-
nel (adj.).

profesiisto, profes-
sionnel (subs.).

profesor, professeur.

profesora, professo-
ral.

profesoreco, profes-
sorat.

profet, prophète.

profeti, prophétiser.

profil, profil.

duonprofilo, trois-
quarts.

profit, profiter de (avoir
du profit.).

profito, profit.

profitema, intéressé,
qui aime le profit.

neprofitema, désinté-
ressé.

pro la profito de, au
profit de.

malprofito, détri-
ment, dommage.

profund, profond.

profundo, profon-
deur (dimension qui
s'oppose à la longueur
et à la largeur).

profundeco, profon-
deur (caractère de ce
qui est profond).

pliprofundigi, appro-
fondir.

profundegajo, gouffre.

program, programme.

progres, progresser.

progreso, progrès (un
progrès).

progresado, progrès
(le progrès, la succes-
sion continue des pro-
grès).

progresema, ami du
progrès.

projekt, projeter.

projekto, projet.

proklam, proclamer.

proklamo, proclama-
tion.

prokrast, différer,
ajourner.

prokrasto, ajournement, retard.

prokrastebla, qu'on peut différer.

neprokrastebla, qu'on ne peut différer.

proksim, proche, qui est près, rapproché, prochain.

proksimeco, proximité.

proksime, à proximité, près.

malproksime, au loin, loin.

proksimigi, approcher (trans.)

malproksimigi, éloigner.

alproksimiĝi, s'approcher.

proksimulo, prochain (subs.).

proksimuma, appromatif.

proksimume, approximativement, à peu près.

proletari, prolétaire (subs.).

promen, se promener.

promenigi, promener.

promeno, promenado, promenade (action).

promenejo, promenade (lieu pour la), promenoir.

promes, promettre.

promeso, promesse.

promontor, cap, promontoire.

pronom, pronom.

pronoma, pronominal (relatif au pronom).

propagando, propagande.

propon, proposer, offrir.

propono, proposition. offre.

proponaĵo, chose proposée.

propozici, proposition (gram.).

proporci, proportion.

proporcia, proportionnel.

propr, propre, qui est à soi.

malpropra, d'autrui.

propreco, propriété (le fait de posséder en propre et la qualité propre d'une chose).

propraĵo, propriété (chose possédée en propre).

proprigi al si, s'approprier.

prospekt, prospectus.

prosper, réussir. Ex. : *Prosperis al mi trovi*,

j'ai réussi à trouver. (Littér. : il a réussi à moi de trouver.)

prospero, réussite.

malprospero, non-réussite, échec, insuccès.

protagonist, protagoniste.

protekt, protéger.

protektanto, protecteur.

protektato, protégé.

protest, protester.

protesto, protestation.

protestanto, protestant.

protokol, procès-verbal d'une séance fait sur place immédiatement.

prov, essayer, tenter de.

provo, essai, épreuve.

proverb, proverbe.

proverba, proverbial.

provinc, province.

proviz, pourvoir, munir.

provizo, provision.

provizoj, provisions.

provisejo, chambre à provisions.

provizumi, approvisionner.

provizor, provisoire.

proz, prose.

proza, de prose, prosaïque.

prozelit, prosélyte.

prozelitism, prosélytisme.

prudent, raisonnable (prudent se dit *saĝa*, *singarda*, selon la nuance).

prudento, raison.

prudenteco, qualité d'être raisonnable.

senprudenta, dépourvu de raison.

malprudenta, insensé, fou (mais non atteint de folie proprement dite).

prudentigi, rendre raisonnable.

prudentiĝi, devenir raisonnable.

prujn, gelée blanche.

prun, prune.

prunujo, **prunarbo**, prunier.

prunel, prunelle (fruit).

prunelujo, prunelier.

prunt, en prêt.

prunti, prêter.

prunto, prêt.

pruntisto, prêteur (de profession).

prunte preni, emprunter.

Prus, Prussien.

pruv, prouver.

pruvo, preuve.

psalm, psaume.

pseŭdonim, pseudo-
nyme.

psikologi, psychologie.

publik, public (subs.).

publika, public (adj.).

publikigi, publier.

pudel, barbet.

pudr, poudre (à pou-
drer).

rizpudro, poudre de
riz.

pudri, poudrer.

pugn, poing.

pul, puce.

pulĉinel, polichinelle.

puls, pouls.

pulma, pulmonaire.

pulm, poumon.

pulv, poudre (à tirer).

pulvor, poudre (substance
réduite en poussière).

pulvorigi, pulvériser.

pumik, pierre ponce.

pump, pomper.

pumpilo, pompe.

pun, punir, châtier.

puno, punition, châ-
timent.

mona puno, amende.

punc, ponceau.

punĉ, punch.

punkt, point.

punkti, pointer, poin-
tiller.

punktajo, pointillé
(subs.).

punktokomo, point et
virgule.

dupunkto, deux
points.

punkto demanda, point
interrogatif.

punkto ekkria point
d'exclamation.

punt, dentelle.

pup, poupée, cocon.

pupil, pupille (de l'œil).

pupitr, pupitre.

pur, pur, propre.

pureco, pureté, pro-
preté.

purigi, nettoyer, rendre propre, puri-
fier.

puriĝi, devenir propre,
se purifier.

purigejo, purgatoire.

malpura, impur, sale.

malpurega, immonde.

malpureco, impureté,
saleté (qualité).

malpurajo, impureté.
saleté (chose sale).

malpurigi, salir, souiller.

malpuriĝi, se salir, se
souiller.

elpurajo, excrément.

puriten, puritain.

purpur, pourpre (subs).

purpura, pourpre.

pus, pus.

puŝ, pousser (pas croître
qui est *kreski*).

puŝo, poussée.

interpuŝo, mêlée.

repuŝi, repousser,
pousser en arrière.

trapuŝi, pousser à
travers, enfoncer
en poussant.

put, puits.

putor, putois.

putr, être en putréfac-
tion.

putro, **putrado**, pourriture (action).

putraĵo, pourriture
(chose pourrie).

putriĝi, entrer en pu-
tréfaction.

R

rab, piller, ravir.

rabado, pillage.

forrabi, dérober.

rabisto, brigand.

rabarb, rhubarbe.

rabat, rabattre (retran-
cher).

rabato, rabais, remise.

rabi, rage (méd).

raben, rabbin.

rabot, raboter.

rabotilo, rabot.

rabotaĵo, copeau.

raci, conformité com-
plète aux principes
de la logique, aux
règles du bon sens.
(Ce mot ne s'emploie ja-
mais à propos des hommes,
mais uniquement à propos
des paroles ou des actes.

Son équivalent serait *ra-
tionalité*, si le mot était
français. — En aucun cas
il ne peut traduire le mot
français *raison*, qui est toujours *prudento*, en Esperanto).

racia, rationnel.

racionalism, rationa-
lisme.

racionalist, rationaliste.

rad, roue.

radi, rayon (de lumière,
de roue, de circonférence).

radii, rayonner.

radik, racine.

radika, de racine
radical (adj.).

radike, radicalement.

enradiki, enraciner
et, au figuré, incul-

quer profondé-
ment.

radikvorto ou **radiko**,
(mot) racine.

radikparto, radical.

radikal, radical (polit.),
(adj.).

radikalism, radicalisme.

rafan, raifort.

rafaneto, radis.

rafin, raffiner (rendre
plus fin, plus pur, plus
délicat, plus subtil).

rafinejo, raffinerie.

rafinisto, raffineur.

raj, raie (poisson).

rajd, monter à cheval
(à âne, etc.).

rajdanto, cavalier
(l'homme qui va à che-
val, à âne, sur un qua-
drupède pris comme bête
de selle).

rajdisto, cavalier (de
profession).

rajt, droit (pouvoir d'exiger qu'on vous rende ce
qui vous est dû; mais pas
la redevance, qui est *im-
posto*, ni la science du droit,
qui est *leĝoscienco*).

rajte, à bon droit.

rajtigi, donner pou-
voir (à qqn. lui donner
le droit d'agir en votre
nom), autoriser.

rajtigo, pouvoir (acte
donnant le droit d'agir
pour un autre), procu-
ration.

raket, fusée.

rakont, raconter, nar-
rer.

rakonto, récit (oral ou
écrit).

mirrakonto, récit
merveilleux.

ramp, ramper, grimper.
(Pour ce dernier sens
grimpi est bien préférable).

surrampi, ramper sur,
grimper sur. (Pour
ce dernier sens *surgrimpi*
est bien préférable).

rampaĵo, reptile.

forrampi, se sauver
en rampant. (Voir
au mot *for.*)

ran, grenouille.

ranc, rance.

ranciĝi, rancir.

rand, bord, extrémité
(partie extrême qui termine
le contour d'un objet).

randaĵo, bord (toute
la partie du bord).

rang, rang, grade, dignité (dans le sens de
fonction donnant un rang).

grandranga, ou **al-
tranga**, de haut
rang.

grandrangulo, ou **alt-rangulo**, homme de haut rang, dignitaire.

ranunkol, renoncule.

rap, rave.

rapid, rapide, vite, prompt.

rapidi, se hâter.

rapidigi, hâter.

rapideco, rapidité, vitesse, promptitude

rapidaga, expéditif.

rapidega, qui va à toute vitesse, ventre à terre.

malrapida, lent.

malrapideco, lenteur,

trorapida, précipité.

trorapideco, précipitation.

rapidire, en grande vitesse.

malrapidire, en petite vitesse.

rapir, fleuret.

raport, rapporter (faire un récit de, une communication).

raporto, rapport (action de rapporter ce qu'on a vu, entendu, appris, etc.).

raportanto, celui qui rapporte, qui rend compte, rapporteur

(mais non dénonciateur, qui se dit *denuncanto*).

rapsod, rapsode.

rapsodi, rapsodie.

ras, race.

rasp, râper.

raspilo, râpe.

rast, râteler.

rastilo, râteau.

rat, rat.

raŭk, rauque, enroué.

raŭkeco, raucité.

raŭkigi, enrouer.

raŭkiĝi, s'enrouer.

raŭkiĝo, enrouement.

raŭp, chenille.

silka raŭpo, ver à soie.

rav, ravir, (exalter, mettre hors de soi, dans un mouvement d'enthousiasme; mais non enlever de force, s'emparer de force, qui se dit *rabi*).

rava, ravissant (adj.).

raz, raser, faire la barbe.

razilo, rasoir.

re, de retour, en retour, de nouveau. Ex. : 1º *Paŭlo ne volis redoni al Henriko la libron, kiun li estis pruntinta al li, sed tiu ĉi ĝin reprenis*; Paul ne voulait pas rendre à Henri le livre qu'il lui avait prêté, mais celui-ci l'a repris. — *Spegulo rejetas la radiojn, kiuj falis sur ĝin*, un miroir renvoie les rayons qui sont tombés sur lui. — *La pilko resaltas de la tero*, la balle rebondit de terre. 2° *Refaru tiun ci kalkulon*, refaites ce compte. — *Vi rejuniĝas*, vous rajeunissez. — *Ni rekomencos volonte*, nous recommencerons volontiers.

redoni, rendre.

rediri, **reparoli**, répliquer.

ree, en retour, derechef.

real, réel.

  realeco, réalité.

real, réal (monnaie).

recept, ordonnance (proscription et recette médicale, culinaire, etc.).

reciprok, rériproque, mutuel.

  reciprokeco, réciprocité.

  reciproke, réciproquement, mutuellement. Ex.: *Sin ami reciproke*, s'aimer réciproquement.

redakci, rédaction (service, personnel de la rédaction d'un journal, d'une revue).

redakt, rédiger.

  redakto, **redaktado**, rédaction (action de rédiger).

  redaktanto, rédacteur (celui qui rédige).

redaktor, rédacteur (celui qui compose des articles publiés dans un journal, une revue).

  ĉefredaktoro, rédacteur en chef.

redingot, redingote.

redut, redoute (fortif.).

referenc, référence.

refut, réfuter.

reg, gouverner, régir, régner, dominer.

  superregi, prédominer.

  reganto, régent (celui qui régit).

  regato, sujet (soumis à à une autorité souveraine).

  registaro, gouvernement (ceux qui ont la direction politique de l'État).

regado, gouverne-ment (action de gou-verner, de régir).

reĝ, roi.

reĝido, prince (fils non encore régnant de roi).

regno reĝa, royaume.

reĝi, être roi, régner.

reĝeco, royauté (di-gnité, qualité de roi).

demeti la reĝecon, **ek-sreĝiĝi**, abdiquer.

festo de l'tri reĝoj, Épi-phanie.

regal, régaler, traiter (en donnant à manger, à boire).

regalo, régal (en ali-ments).

regala, de régal, réga-lant.

regiment, régiment.

region, région, contrée.

registr, enregistrer (ins-crire ou transcrire sur un registre).

registrolibro, registre (livre, cahier où l'on enregistre).

registrado, enregis-trement.

reglement, règlement.

regn, Etat.

regnestro, chef d'État (roi, empereur ou pré-sident de république).

regna, de l'Etat.

regno de kreskaĵoj, de mineraloj, règne vé-gétal, minéral.

regol, roitelet.

regul, règle (ce qui doit diriger la conduite, ce qui doit diriger dans l'étude d'une science, dans la pra-tique d'un art).

regularo, règlement, statuts (ensemble de règles).

regula, régulier (qui est conforme à la règle).

reguligi, régulariser.

reguleco, régularité.

rejs, reis.

rekomend, recomman-der (une personne ou une chose, voire même une lettre).

rekomendo, recom-mandation.

reklam, réclame (appel à la publicité par divers moyens pour faire valoir une entreprise).

rekompenc, récompen-ser.

rekompenco, récom-pense.

rekrut, recrue, conscrit.

rekrutigo, recrute-ment (action de re-cruter, de compléter une troupe).

kolektado de rekrutoj, conscription.

rekt, droit, direct (sans déviation du point initial au point final).

rekte, droitement, directement.

rekteco, droiture, rectitude.

rektigi, rectifier (uniquement dans le sens de rendre droit). Ex. : *Rektigi la desegnon de vojo*, rectifier le tracé d'une route. (Pour rectification et rectifier, dans le sens de *rendre exact en corrigeant*, voir à *korekt*.)

malrekta, qui dévie.

malrektiĝi, dévier.

malrektiĝo, déviation (action de dévier).

malrekteco, déviation (état).

rekta komplemento, complément direct.

rekvizici, réquisition (milit.).

rel, rail.

elreliĝi, dérailler.

religi, religion.

religia, religieux.

religiulo, homme religieux.

alireligiulo, homme d'une autre religion.

rem, ramer.

remilo, rame.

rembur, rembourrer.

remburo, remburado, rembourrement (action).

remburaĵo, rembourrement (résultat).

rempar, rempart.

ren, rein, rognon.

rena, rénal.

renkont, rencontrer.

renkonto, rencontre. *iri al la renkonto de, iri renkonte al*, aller à la rencontre de,

rent, rente, revenu.

rentulo, rentier.

renvers, renverser, faire chavirer.

renversiĝi, se renverser, chavirer.

respekt, respecter.

respekto, respect.

respekta, de respect, respectueux.

respektinda, respectable.

respektindeco, respectabilité.

respektegi, vénérer.

respektego, vénération.

respond, répondre.

respondi pri, répondre au sujet de, avoir la responsabilité, être responsable de.

respondo, réponse.

responda, de réponse (sens intime et fondamental d'où découle : 1° qui répond, répondant à, et, par conséquent, correspondant à. Ex. : *La vorto responda al... estas....* le mot correspondant à.... est....; 2° qui doit répondre et, par conséquent, qui est responsable. Ex. ; *Vi estas responda pri tio ĉi,* vous êtes responsable de ceci).

respondeco, répondance. — De ce mot, innové à dessein, découle : 1° correspondance, dans le sens précisé par : *Mia amo trovas en lia koro nenian respondecon,* mon amour ne trouve aucune correspondance dans son cœur; 2° responsabilité. Ex. : *Vi portos la tutan respondecon de tiu faro,* vous porterez toute la responsabilité de cette action.

respublik, république.

respublika, républicain (adj.).

rest, rester.

resto, reste. Ex. : *Se de 5 ni deprenos 2, la resto estos 3,* si de 5 nous enlevons 2, le reste sera 3.

restaĵo, chose, objet qui reste. Ex. : *La restaĵo de tiu ĉi kuko,* le reste de ce gâteau.

restado, action de rester, de demeurer (dans le lieu où l'on est, sur le point où l'on se trouve).

restoraci, restaurant.

restoracimastro, restaurateur (qui tient un restaurant).

ret, filet (tissu de mailles).

retin, rétine.

retort, cornue.

retroaktiv, rétroactif.

retrospektiv, rétrospectif.

reŭmatism, rhumatisme.

reŭmatismulo, rhumatisant.

rev, rêver (en dehors du sommeil).

elreviĝi, **disreviĝi**, (sortir du rêve, se séparer de son rêve), se désillusionner.

elreviĝo, disreviĝo, désillusion.

revoluci, révolution.

revoluciulo, révolutionnaire (subs.).

rezed, réséda.

rezerv, réserver (conserver pour une certaine destination).

rezervo, réserve (action de réserver).

rezervaĵo, réserve (ce qui est réservé).

rezignaci, résignation.

rezin, résine.

rezon, raisonner.

rezonado, raisonnement.

rezultat, rezulto, résultat

rezulti, résulter (se produire par suite d'une action, d'un fait).

rib, groseille.

blankaj riboj, groseilles blanches.

ruĝaj riboj, groseilles rouges.

ribel, se révolter, s'insurger.

ribelo, révolte, insurrection, sédition.

ribeligi, révolter.

ribelanto, rebelle, insurgé.

riĉ, riche (qui a en abondance).

riĉeco, richesse (possession de grands biens, possession de qqch en abondance).

riĉaĵo, richesse (chose de grand prix).

riĉigi, enrichir.

riĉigo, enrichissement (qu'on fait subir).

riĉiĝo, enrichissement (qu'on subit).

riĉiĝi, s'enrichir.

malriĉa, pauvre (adj.).

malriĉigi, appauvrir.

malriĉiĝi, s'appauvrir.

riĉulo, (un) riche.

malriĉulo, (un) pauvre.

ricev, recevoir, obtenir.

ricevo, réception, obtention.

ricevatesto, accusé de réception.

rid, rire (v.).

rido, rire (subs.).

rideti, sourire (v.).

ridegi, rire à gorge déployée.

rideto, sourire (subs.).

ridinda, risible, ridicule.

ridindaĵo, ridicule (subs., ce qui est digne de risée dans qqn. ou qqch.).

ridindeco, risibilité.

rif, récif, écueil.

rifuĝ, se réfugier.

  rifuĝo, refuge.

  rifuĝejo, lieu de refuge, asile.

rifuz, refuser.

  rifuzo, refus.

rigard, regarder.

  rigardo, regard.

  ekrigardi, jeter un regard.

  trarigardi, regarder d'un bout à l'autre.

  rigardadi, contempler.

rigid, roide, rigide.

  rigideco, rigidité.

  rigidiĝo, stupeur.

rigl, verrouiller.

  riglilo, verrou.

rikolt, récolter, moissonner.

  rikolto, récolte, moisson.

  rikoltilo, faucille.

  jaro bonrikolta, année fertile.

rilat, être dans tel ou tel rapport, avoir telle ou telle position réciproque. Ex. : *5 rilatas al 10 kiel 2 rilatas al 4*; 5 est relativement à 10 comme 2 est relativement à 4 (rapport de moitié). De ce sens intime sortent, selon les cas, les traductions suivantes : avoir rapport à, se rattacher à, avoir telle opinion ou tel sentiment relativement à. Ex. : *Bedaŭrinde kelkaj scienculoj rilatas ankoraŭ skeptike al la ideo de lingvo internacia*, malheureusement quelques savants ont encore une opinion sceptique relativement à l'idée d'une langue internationale. (Ils sont à son égard en rapport de scepticisme).

rilato, relation, rapport.

interrilato, relation, rapport réciproque. Ex. : *La komercaj aŭ sciencaj interrilatoj de la popoloj civilizitaj bezonas lingvon internacian*, les relations commerciales ou scientifiques des peuples civilisés ont besoin d'une langue internationale.

rilate al, relativement à, par rapport à.

rerilata, réflexe, réfléchi.

rim, rime.

rimi, rimer.

rimark, remarquer.

rimarko, remarque.

rimarkinda, remarquable (digne d'être remarqué).

rimed, moyen.

rimen, courroie, lanière.

ring, anneau.

kolringo, collier.

manringo, bracelet (*koliaro* et *braceleto* sont aussi admis pour collier et bracelet).

ringego, cerceau.

rinocer, rhinocéros.

rip, côte (anat.).

ripar, réparer.

riparo, réparation.

ripet, répéter, réitérer (recommencer à dire, à faire qqch. à plusieurs reprises; refaire à plusieurs reprises ce qu'on a déjà fait).

ripeto, ripetado, répétition, réitération (action de répéter dans le sens ci-dessus).

ripoz, se reposer.

ripozo, ripozado, repos.

ripozigi, faire reposer.

riproĉ, reprocher.

riproĉo, reproche.

riprocinda, qui mérite des reproches.

neriproĉinda, irréprochable.

risk, risquer, hasarder (exposer à une chance douteuse).

risko, risque.

senriska, qui est sans risque, sûr.

rism, rame (papier).

risort, ressort.

risortiĝi, s'élancer.

risortiĝo, élan.

ritm, rythme.

river, cours d'eau, rivière, fleuve.

rivereto, ruisseau.

riverego, cours d'eau immense.

riverenc, révérence (salut).

riverenci, faire la révérence.

riz, riz.

rob, robe (long vêtement qui descend jusqu'aux pieds et varie de forme selon la personne qui le porte et la destination).

rod, rade (mar.).

roman, roman (œuvre litt.).

romanc, romance.

romb, rhombe.

romp, rompre, casser.

rompo, rupture.

disrompi, séparer par rupture, briser.

interrompi, interrompre.

derompajo, débris.

facilrompa, fragile.

rond, rond, cercle.

ronda, rond (adj.).

rondeco, rondeur.

rondigi, arrondir.

ronk, ronfler.

ronko, ronflement.

ros, rosée.

rosmar, morse.

rosmaren, romarin.

rost, rôtir.

rostajo, rôt, rôti.

rostr, trompe (d'éléphant, d'insecte).

rostreto, stigmate (bot.).

rot, compagnie (milit.).

rotond, rotonde.

roz, rose (fleur).

rozkoloro, rose (subs.).

rozkolora ou **roza**, rose (adj.).

rozo sovaĝa, églantine.

rozari, rosaire.

rub, décombres, gravois.

ruband, ruban.

ruben, rubis.

rubl, rouble.

rubrik, rubrique.

ruĝ, rouge (adj.).

ruĝo, rouge (subs.).

ruĝigi, rougir (trans.).

ruĝiĝi, rougir (intrans.).

ruĝeco, (la) rougeur.

ruĝajo, rougeur (taches rouges).

ruĝega, cramoisi.

duberuĝa, rougeâtre.

sin ruĝigi, se mettre du rouge, se farder avec du rouge.

brulruĝigi, chauffer à rouge.

ruin(oj), ruines.

ruina, en ruines.

ruinigi, ruiner (faire offondrer, mettre en ruines au physique et au moral), dévaster.

ruinigo, action de ruiner, de mettre en ruines.

ruiniĝi, tomber en ruines.

ruiniĝo, action de tomber en ruines, décadence.

rukt, roter.

rukto, éructation, rot.

rul, rouler, faire rouler (mouvoir en faisant tourner sur soi-même). Ex. : *Li rulis barelon antaŭ sia pordo*, il roulait un tonneau devant sa porte.

rulo, rouleau.

rulado, action de rouler, de faire rouler.

ruliĝi, rouler (intrans., se mouvoir en tournant sur soi-même). Ex. : *Ŝtono, kiu ruliĝas, ne kolektas muskon*, pierre qui roule n'amasse pas mousse.

deruli, éloigner en roulant, faire rouler d'un point à...

kunruli, rouler ensemble (deux choses ou davantage). Ex. : *Kunrulu por mi cigaredon*, roulez-moi une cigarette (on roule ensemble le papier et le tabac).

rulkurteno, store.

rullevilo, poulie.

rum, rhum.

rus, russe (adj.).

Ruso, Russe.

rusujano, membre de l'empire russe.

rust, rouiller (trans.).

rusto, **rustado**, action de rouiller.

rustaĵo, rouille.

rustiĝi, se rouiller.

rustiĝo, action de se rouiller.

rut, rue (bot.).

ruz, rusé.

ruzi, ruser.

ruzo, ruse.

ruzulo, homme rusé.

S, Ŝ

sabat, samedi.

sabl, sable.

sablejo, sablière.

sableto, sablon.

sabletejo, sablonnière.

sableca, sableux.

sabli, sabler.

sablero, grain de sable.

sablaĵo, banc de sable.

ŝaf, mouton (bête de l'espèce ovine).

ŝafino, brebis.

ŝafo-viro, bouc.

ŝafeto, petit mouton (taille).

ŝafido, petit de mouton, agneau.

ŝafideto, agnelet.

ŝafaĵo, viande de mouton.

ŝafidaĵo, viande d'agneau.

safir, saphir.

safran, safran.

sag, flèche.

sagujo, carquois.

saĝ, sage, sensé.

saĝo, sagesse, bon sens (connaissance juste des choses). Ex. : *Estas malvera saĝo kiu...* il y a une fausse sagesse qui...

la Saĝo eterna, la Sagesse éternelle, le Verbe.

saĝeco, sagesse (qualité de celui qui est sensé dans ses paroles et mène une conduite réglée).

saĝulo, (un) sage.

saĝigi, assagir, rendre sage.

saĝiĝi, s'assagir, devenir sage.

malsaĝa, insensé (mais pas fou, qui se dit *freneza*).

malsaĝeco, état de l'homme insensé.

malsaĝulo, (un) insensé.

malsaĝaĵo, folie, extravagance (mais non la folie, état de l'homme qui a perdu la raison état rendu, en Esperanto, par *frenezeco*).

sagac, sagace, perspicace.

sagaceco, sagacité, perspicacité.

ŝajn, sembler, paraître (avoir l'apparence de quelque chose). Ex. : *Kiel bela vi ŝajnas al mi*, que vous me semblez beau !

ŝajna, qui paraît, apparent.

ŝajno, apparence : *sub ŝajno*, sous apparence.

ŝajne, en apparence.

ŝajnigi, feindre, simuler (faire semblant).

ŝajniga, de feinte, feint.

verŝajna, vraisemblable.

sak, sac.

saketo, petit sac, sachet.

ŝak(oj), échecs.

ŝaka tabulo, échiquier.

ŝakal, chacal.

sakr, sacrum, os sacrum.

sakrament, sacrement.

sakristi, sacristie.

sal, sel.

    sala, salin, salé (adj.).

    sali, saler.

    saligi, salifier.

    salujo, salière.

ŝal, châle.

salajr, salaire, appointements.

    salajrulo, salarié.

salamandr, salamandre.

sal'amoniak, sel ammoniac.

salat, salade.

sald, solder.

salik, saule.

salm, saumon (poisson).

ŝalm, chalumeau (tuyau).

salon, salon.

salpetr, salpêtre.

salt, sauter.

    salto, saut.

    eksalto, soubresaut.

    saltegi, bondir.

    saltego, bond.

    elsaltulo, (un) parvenu.

salut, saluer.

    saluto, salut.

salvi, sauge.

sam, même (qui n'est pas autre). Ex. : *En la sama cirkonstanco*, dans la même circonstance.

    samtempe, dans le même temps.

    samnoma, homonyme.

    la samo, la même chose.

ŝam, peau de chamois.

sambuk, sureau.

samovar, samovar.

san, sain, en bonne santé.

    sano, bonne santé (en elle-même).

    saneco, état de bonne santé.

    sani, jouir d'une bonne santé.

    saniga, qui fait se bien porter.

    malsana, malade.

    malsano, maladie.

    malsaneco, état de maladie.

    malsanema, maladif, valétudinaire.

    malsanulo, (un) malade.

    malsanulisto, garde-malade (de profession).

    malsanulejo, hôpital, infirmerie.

    resanigi, guérir (trans.).

    resaniĝi, guérir, se guérir.

    resaniĝo, guérison qui s'opère, convalescence.

    resaniĝanto, convalescent.

remalsano, rechute (en elle-même).

remalsaniĝo, rechute qu'on éprouve (action de redevenir malade).

resanigebla, guérissable (qui peut revenir à la santé).

neresanigebla, inguérissable. (qui ne peut être ramené à la santé).

ŝanc, chance.

dubeŝanca, aléatoire.

ŝancel, rendre chancelant, branler (trans.), faire vaciller ou osciller.

ŝanceliĝi, chanceler, branler (intrans.), vaciller, osciller, hésiter.

ŝanceliĝo, chancellement, branlement, vacillation, oscillation, hésitation.

ŝanceliĝa, chancelant, branlant, vacillant, oscillant, hésitant.

sandal, sandal, santal.

sang, sang.

sanga, sanguin (qui a rapport au sang).

sangado, hémorragie.

sangverŝo, effusion de sang.

sangellasi ou **sangadi**, saigner (avoir un écoulement de sang).

sangeltiri, saigner (faire une saignée).

sangadi el la nazo, saigner du nez.

sangema, qui saigne facilement, qui a facilement des hémorragies.

sangavida, sanguinaire.

sangadulto, inceste.

ŝanĝ, changer (trans.).

ŝanĝo, changement.

interŝanĝi, échanger.

interŝanĝo, échange.

ŝanĝiĝi, changer (intr.), se modifier.

ŝanĝema, porté au changement.

ŝanĝiĝa, changeant (qui change de manière d'être).

sankci, sanctionner.

sankcio, sanction.

sankt, saint, sacré.

sanktigi, sanctifier.

sanktiĝi, se sanctifier.

sanktejo, temple, sanctuaire.

sanktulo, (un) saint.

sanktakvujo, bénitier.

sanskrit, sanscrit (adj.).

sap, savon.

sapeca, savonneux.

sardel, sardine.

ŝarg, charger (une arme).

ŝarĝ, charger (mettre quelqu'un ou quelque chose sous un poids quelconque).

ŝarĝo, charge, fardeau.

ŝarĝego, faix.

ŝarĝa, de charge, lourd, pénible.

senŝarĝigi, décharger.

sark, sarcler.

ŝark, requin.

sarkasm, sarcasme.

sarkasma, sarcastique.

sat. rassasié (dont la faim est pleinement satisfaite).

satigi, rassasier.

malsata, qui a faim.

malsato, faim.

sati, être rassasié.

malsati, avoir faim.

ĝis sate, jusqu'à satiété.

ŝat, faire cas de, priser (ce mot rend logiquement notre verbe français « aimer », quand il signifie simplement priser. Ex. : J'aime l'étude, les arts, la solitude, les fleurs, le vin, les fruits, etc., Mi ŝatas la lernadon, la artojn,

la solecon, la florojn, la vinon, la fruktojn, k. t. p.).

malŝati, dédaigner, ne pas faire cas de.

ŝato, considération (qu'on a pour qqn.).

ŝatateco, considération (dont on jouit).

satan, satan.

satir, satire.

satrap, satrape.

satur, saturer, assouvir.

saŭc, sauce.

ŝaŭm, écume, mousse.

ŝaŭmi, écumer, mousser.

sav, sauver.

savanto, sauveur (qui sauve).

savinto, sauveur (qui a sauvé).

scen, scène (partie du théâtre où jouent les acteurs; division d'un acte déterminée par la sortie de personnages présents, par l'entrée de personnages nouveaux).

sceptr, sceptre.

sci, savoir (v.).

scio, sciado, science (connaissance exacte).

sen la scio de, à l'insu de.

scivolo, sciemo, curiosité.

sciigi, faire savoir, notifier. Ex. . *Vi sciigos al li mian revenon*, vous lui ferez savoir mon retour.

sciigo, action de faire savoir, notification.

sciiĝi, apprendre (telle ou telle nouvelle.—*Ekscii* est préférable).

antaŭsciigi, faire savoir à l'avance, prévenir.

scienc, science (ensemble de connaissances résultant de l'étude; système de connaissances où un ordre de faits déterminé est coordonné et ramené à des lois).

scienculo, (un) savant.

sciur, écureuil.

*****se**, si (conjonction. Quand on peut le tourner par *est-ce que?* comme dans toute interrogation indirecte, *si* est rendu par *ĉu*. Ex. : *Diru al mi ĉu vi venos*, dites-moi si (est-ce que) vous viendrez

seb, suif.

sebi, suiffer.

sebeca, sébacé.

*****sed**, mais, or.

seg, scier.

segilo, scie.

segaĵo, sciure.

seĝ, chaise.

seĝego, fauteuil.

sek, sec.

sekeco, sécheresse.

sekigi, sécher, mettre à sec, dessécher.

sekiĝi, sécher (intrans.), se dessécher.

malsekeco, humidité.

malsekiĝi, devenir humide.

sekal, seigle.

sekc, disséquer.

sekco, **sekcado**, dissection.

sekcanto, dissecteur, disséqueur.

sekci, section (partie d'un groupe, d'une société, etc.

sekret, secret (subs.).

sekreta, de secret, secret, clandestin.

sekretigi, rendre secret, garder secret.

sekretari, secrétaire.

sekretarieco, secrétariat (fonction).

sekretariejo, secrétariat (bureaux).

seks, sexe.

seksa, sexuel.

sekst, sixte.

sekt, secte.

sekund, seconde.

sekundant, second témoin (duel).

sekv, suivre (1° venir après quelqu'un ou quelque chose. Ex. : *Li sevis min*, il m'a suivi. *Tion ĉi vi legos en la sekvanta volumo*, vous lirez ceci dans le volume suivant; 2° se diriger conformément à... Ex. : *sekvu tiun ĉi vojon*, suivez ce chemin. *Vi devas sekvi lian ordonon, konsilon, ekzemplon*, vous devez suivre son ordre, son conseil, son exemple.

sekvanta, suivant (qui suit).

sekvonta, suivant (qui suivra).

sekvantaro, suite, cortège.

sekvo, suite, conséquence.

sekve, par conséquent.

intersekve, consécutivement.

sel, selle.

seli, seller.

senseligi, desseller.

selfaristo, sellier.

selfarado, sellerie (industrie).

selejo, sellerie (lieu).

ŝel, écorce, coque, coquille, cosse, pelure. (La *ŝelo* est donc l'enveloppe naturelle, non seulement des arbres, mais encore des f r u i t s, des œufs, des légumineuses.)

senŝeligi, écorcer, écosser, peler (rendre sans *ŝelo*).

selakt, petit-lait.

ŝelk, bretelle.

sem, semer.

semo, semence, graine.

florsemo, pollen.

semado, semaille.

dissemi, **dissemadi**, disséminer.

semajn, semaine.

ĉiusemajna, hebdomadaire.

seminari, séminaire.

seminariano, séminariste.

*****sen**, sans. Cette préposition apporte la modification de son sens propre aux mots très nombreux où elle joue le rôle de préfixe *privatif*. Exemples :

senriska, sans risque, sûr.

senhonta, sans honte, éhonté.

sensenta, insensible.

sencerba, écervelé.

senigi je, dépouiller de (rendre sans ..).

senmaskigi, démasquer (rendre sans masque).

senkapigi, décapiter (rendre sans tête).

senvestigi, dévêtir, déshabiller (rendre sans vêtement).

sendisiĝa, inséparable.

senat, sénat.

senatano, sénateur.

senc, sens (que renferme ou présente un mot, un passage, un acte. — Le mot *senco* et tous les dérivés qu'il peut former ne s'appliquent jamais à l'homme, en Esperanto. On ne les emploie qu'à propos des actes, des paroles ou des choses).

sensenca, qui est dépourvu de sens.

sensencaĵo, parole ou acte dépourvus de sens.

send, envoyer.

sendo, envoi (action).

sendaĵo, envoi (ce qui est envoyé).

sendito, (un) envoyé

dissendi, envoyer de côté et d'autre.

sensaci, sensation (effet marqué d'attention, de surprise, etc).

sensacia, sensationnel.

sent, ressentir, éprouver, sentir (recevoir des personnes ou des choses telle ou telle impression, et éprouver un sentiment provoqué par quelqu'un ou quelque chose.) Ex. : *Ĉu vi sentas la malvarmon?* sentez-vous le froid? *Ŝi nur malamon sentas por li*, elle n'éprouve que de la haine pour lui.

sento, sentiment.

sentaĵo, sensation (impression perçue par les sens).

sentema, sensible (disposé à être affecté, physiquement ou moralement, d'une manière agréable ou désagréable).

sentama, sensuel (qui recherche les plaisirs des sens).

sentebla, sensible (qui tombe sous les sens, qui agit sur la sensibilité).

sentemo, sensibilité (faculté, disposition qu'on a pour être affecté physiquement ou moralement, d'une manière agréable ou pénible).

akrasenta, dont les sens sont fins, aiguisés.

antaŭsenti, pressentir.

sentenc, sentence.

sentimental, sentimental.

*sep, sept.

sepa, septième (adj).

sepono, (un) septième.

sepi, sèche (poisson).

septembr, septembre.

seraf, séraphin.

serĉ, chercher, rechercher.

serĉo, **serĉado**, recherche.

traserĉi, perquisitionner.

serĉisto, limier de police.

ŝerc, plaisanter, badiner.

ŝerco, plaisanterie.

serĝent, sergent.

seri, série.

serioz, sérieux (adj).

seriozeco, sérieux (subs.).

serpent, serpent.

sonserpento, serpent à sonnette.

serur, serrure.

seruristo, serrurier.

serv, servir.

servo, service (mais pas les pièces de vaisselle, ni ce qui sert à table).

fari servon, rendre service.

servanto, serviteur (d'occasion).

servisto, serviteur (de profession).

servsoldato, ordonnance.

servema, serviable.

servemo, serviabilité.

servemulo, (un) complaisant, (un) officieux.

Diservo, service divin, office.

Diservanto, serviteur de Dieu.

servic, service (de table).

servut, servage.

servutulo, serf.

*ses, six.

sesa, sixième (adj).

sesono, (un) sixième.

sever, sévère.

malsevera, qui a trop d'indulgence.

malseveri, avoir trop d'indulgence.

sevrug, esturgeon stellifère.

sezon, saison.

sfer, sphère.

sferforma ou **sfera**, sphérique.

duonsfero, hémi-sphère.

sfinks, sphinx.

sfinkter, sphincter.

'si, soi.

sia, son, sa. (la) **sia**, le sien, la sienne (jamais devant le sujet, mais toujours devant les pos-sédés, si le possesseur est sujet de la proposi-tion où ils se trouvent).

'ŝi, elle.

ŝia, son, sa (le posses-seur étant féminin).

sibl, siffler (comme *s*, comme l'eau versée sur un objet chauffé à rouge).

sid, être assis, siéger, être perché, juché.

sidigi, faire asseoir.

sidiĝi, s'asseoir.

sidejo, siège (place où l'on s'assied).

kunsido, séance, ses-sion.

sieĝ, assiéger.

sieĝo, siège (pour une ville).

sieĝantoj, (les) assié-geants.

sieĝatoj, (les) assiégés.

sifilis, syphilis (médec.).

sifilisa, syphilitique).

sifon, siphon.

sigel, sceller.

sigelo, sceau (em-preinte).

sigelilo, sceau, cachet.

sensigeligi, décache-ter.

sigelvakso, cire à ca-cheter.

sign, signe, marque.

signaĵo, signe. (Le si-lence est *signo* de con-sentement; une flèche sur un poteau indicateur est *signaĵo*).

signi, marquer.

postsigno, trace, ves-tige.

signal, signal.

signaldiro, mot d'or-dre.

signif, signifier.

signifo, signification.

sensignifa, insigni-fiant.

silab, syllabe.

silabi, épeler.

unusilaba, monosylla-bique.

ŝild, bouclier.

blazonŝildo, écu, écus-son.

silent, se taire (garder le silence).

silenti pri, taire, pas-ser sous silence.

silento, silence.

silenta, silencieux (qui se tait).

silentema, taciturne.

silentigi, faire taire.

silentiĝi, se taire (cesser de parler, de bruire, de se faire entendre).

silik, silex, caillou.

ŝiling, shilling.

silk, soie.

silka, de soie, en soie.

silkeca, soyeux.

silka raŭpo, ver à soie.

silogism, syllogisme.

silur, silure, glanis (poisson).

silvi, fauvette.

ŝim, moisir, chancir.

simbol, symbole.

simetri, symétrie.

simfoni, symphonie.

simi, singe.

simia, simiesque.

simil, semblable, ressemblant.

simileco, semblance, ressemblance.

simili, ressembler.

similigi, assimiler (rendre semblable).

similiĝi, devenir semblable.

simpati, sympathie.

simpatia, sympathique.

simpatii, sympathiser.

simpl, simple (1° Qui n'a point de parties. Ex. : *Korpo simpla*, corps simple. — 2° Au fig. Qui a telle ou telle manière d'être et rien de plus Ex. : *Simpla soldato*, un simple soldat. — Qui n'est ni compliqué, ni recherché. Ex. : *Tiu ĉi sistemo estas tre simpla*, ce système est très simple. *Vivo, stilo simpla*, vie, style simple).

simpleco, simplicité.

simpligi, simplifier.

simpliĝi, se simplifier.

plisimpligi, simplifier (rendre plus simple).

plisimpliĝi, se simplifier (devenir plus simple).

plisimpliĝo, action de devenir plus simple (simplification reçue).

simplanima, ingénu.

malsimpla, composé.

simptom, symptôme.

sinagog, synagogue.

sinap, moutarde (sénevé).

sincer, sincère, franc.

sincereco, sincérité, franchise.

ŝind, bardeau, échandole.

sindik, syndic.
sindikat, syndicat.
sinedri, sanhédrin.
singult, avoir le hoquet.
  singulto, hoquet.
sinjor, monsieur, seigneur.
  sinjorino, madame.
  la Sinjoro, le Seigneur
  (Dieu).
ŝink, jambon.
sinkop, syncope.
sinod, synode.
sinoptik, synoptique.
sinovi, synovie (anat.).
sintaks, syntaxe.
sintez, synthèse.
ŝip, navire, vaisseau.
  ŝipeto, bateau.
  ŝipa, de flotte, de marine.
  ŝiparo, flotte, marine.
  ŝipetaro, flottille.
  ŝipirebla, navigable.
  elŝipigi, débarquer
  (trans.).
  elŝipiĝi, débarquer
  (intrans.).
ŝir, déchirer (diviser irré-
gulièrement un tissu en
rompant les fibres). Ex. :
Ŝiri paperon, déchirer
du papier. *La kuglo
ŝiris la karnon*, la balle
a déchiré les chairs.
  ŝiro, déchirement.

deŝiri, séparer de...
  (par déchirement),
  cueillir.
deŝiro, action de séparer de... (par déchi-
  rement), action de
  cueillir, cueillette
  (mais pas dans le sens
  de rassembler; ce serait
  alors *kolekto, kolektado*).
deŝiraĵo, déchirure.
  Ex.: *Vi havas deŝira-
  ĵon en via vesto*, vous
  avez une déchirure
  à votre vêtement.
deŝiriĝi, se séparer de
  (par déchirement).
deŝiriĝo, action de se
  séparer (par déchire-
  ment).
disŝiri, mettre en pièces, lacérer.
disŝiro, lacération.
disŝiriĝi, être mis en
  pièces, être lacéré.
disŝiriĝo, action d'être
  mis en pièces, d'être
  lacéré, déchirement
  (et mor.).
elŝiri, arracher.
korŝiranta, déchirant,
  qui déchire (le cœur).
siren, sirène (Myth.).
siring, lilas.
ŝirm, protéger en abri-
tant, en garantissant

contre. Ex. : *La muro ŝirmis nin kontraŭ la vento*, le mur nous protégeait du vent.

ŝirmilo, écran.

lampoŝirmilo, abat-jour.

ventoŝirmilo, para-vent.

fajroŝirmilo, garde-feu.

fulmoŝirmilo, para-tonnerre.

sirop, sirop.

sistem, système.

sitel, seau.

situaci, situation, posi-tion.

skabel; escabeau.

skabi, gale.

skadr, escadron.

skal, échelle (1° Série as-cendante ou descendante. Ex. : *La skalo de l'estaĵoj, de la voĉo, de l'koloroj*, l'é-chelle des êtres, de la voix, des couleurs, etc. ; 2° Ligne divisée en parties formant degrés, pour prendre des mesures. Ex. : *La skalo de tiu ĉi karto*, l'échelle de cette carte. — L'escalier portatif que nous appelons échelle, en français, se rend toujours par *ŝtuparo*).

skandal, scandale.

skandali, scandaliser.

skandinav, scandinave.

skapol, omoplate.

skarab, scarabée.

majskarabo, hanne-ton.

skarlat, écarlate (subs.).

skarlatin, scarlatine.

skarp, écharpe.

skatol, boîte.

skeptik, sceptique (adj.).

skeptikeco, scepti-cisme.

skelet, squelette.

skerc, scherzo.

skerm, faire de l'es-crime.

profesoro de skermo, professeur d'es-crime.

skiz, esquisser, faire une esquisse.

skizo, esquisse.

sklav, esclave (subs.).

sklava, d'esclave, ser-vile (qui appartient à l'état d'esclave).

sklavema, servile, rampant (qui a le ca-ractère de dépendance qui conviendrait à un esclave).

sklavemo, servilité.

sklaveco, esclavage.

sklavigi, asservir, ré-duire à l'esclavage.

skolastik, scolastique.

skolop, bécasse.

skorbut, scorbut.

skorpi, scorpion.

skorzoner, salsifis.

skrap, racler, gratter (frotter de manière à enlever une partie de la surface). Ex. : *Kion vi skrapas per via skrapilo*, que raclez-vous avec votre grattoir? *Tiun ĉi pergamenon, por forigi grandan inkomakulon kiun mi faris skribante*, ce parchemin, pour enlever une grosse tache d'encre que j'ai faite en écrivant. — *Ne skrapu vin tiel forte; frotu kviete*, ne vous grattez pas si fort; frottez doucement.

skrapilo, racloir, grattoir.

skrapo, **skrapado**, raclure, grattement (action de racler, de gratter)

deskrapaĵo, raclure, gratture (partie enlevée d'un corps qu'on racle; ce qui tombe d'une surface qu'on gratte).

skrib, écrire.

skribo, écriture, écrit (ce qui est écrit).

la Sankta Skribo, la Sainte Ecriture.

skribado, écriture (action, art d'écrire).

belskribado, calligraphie.

skriba, d'écriture, en écriture.

skribe, par écrit.

skribisto, écrivain, scribe (celui dont la profession est de faire des écritures. L'écrivain, auteur, se dit *aŭtoro* ou *verkisto*).

deskribi, extraire, copier (un passage) d'un texte écrit ou imprimé.

transskribi, transcrire.

alskribi, attribuer (par écriture).

enskribi, écrire dans, inscrire.

enskribo, action d'inscrire, inscription dans.

surskribi, écrire sur.

surskribo, suscription, écriteau.

surskribeto, étiquette.

subskribi, souscrire, signer (mais dans l'unique sens d'écrire au-dessous, d'apposer sa

12

signature au bas d'un acte, d'un écrit quelconque. — Pour *souscrire* impliquant l'idée d'un sacrifice d'argent on dit *monoferi*).

subskribo, souscription (action d'apposer au bas sa signature), signature. —Pour souscription impliquant sacrifice d'argent on dit *monofero, monoferado*).

priskribi, décrire.

priskribo, description.

skrofol, scrofule.

skrupul, scrupule.

skrupula, scrupuleux.

sku, secouer, hocher.

skuo, secousse.

skuiĝi, se secouer, être secoué.

neskuebla, qui ne peut être secoué.

skulpt, sculpter.

skulptado, sculpture. (art du sculpteur).

skulptaĵo, sculpture. (ouvrage sculpté).

skulpta, sculptural.

skulptisto, sculpteur.

skulptilo, ciseau.

skurĝ, fouet, knout (employé pour fustiger. — Le fouet à long manche qui sert à frapper et exciter les animaux se dit *vipo*).

skurĝi, fouetter avec le *skurĝo*.

skval, squale.

skvam, écaille (de poisson).

ŝlim, limon, vase, bourbe.

ŝlimhava, limoneux, vaseux, bourbeux.

ŝlimejo, bourbier.

ŝlos, fermer à clef.

ŝlosilo, clef.

ŝlosilosto, clavicule.

ŝmac, baiser, embrasser *bruyamment*.

ŝmaco, baiser *bruyant*.

smerald, émeraude.

smilak, salsepareille.

ŝmir, oindre (frotter d'une matière grasse), enduire (recouvrir une surface d'une matière molle dont elle s'imprègne).

ŝmiro, onction.

ŝmiraĵo, onguent.

ŝnur, corde.

ŝnurego, câble.

ŝnureto, ficelle.

ŝnurarmi, gréer.

senŝnurigi, dégréer.

sobr, sobre, tempérant.

sobreco, sobriété, tempérance.

malsobra, intempérant.

malsobreco, intempérance.

malsobriĝi, se livrer à l'intempérance.

socialism, socialisme.

socialist, socialiste.

societ, société.

  societa, social.

  societama, sociable.

sod, soude.

sof, sofa.

sofism, sophisme.

soif, avoir soif, être altéré.

  soifo, soif.

  sensoifigi, désaltérer.

  sensoifiga, qui enlève la soif, qui fait passer la soif.

sojl, seuil.

sol, seul.

soldat, soldat.

  soldatejo, caserne.

sole, sole (zool.).

solecism, solécisme.

solen, solennel.

  soleno, solennité, fête solennelle.

  solenigi, solenniser.

solidar, solidaire (adj.).

soliter, ver solitaire.

solv, résoudre (1° Décomposer en ramenant à un état élémentaire. Ex. : *Vaporo solvita en pluvon*, vapeur réduite en pluie. *La rezinoj solviĝas en la alkoholo*, les résines se résolvent dans l'alcool. — 2° Dénouer ce qui embarrasse l'esprit. Ex. : *Solvi malfacilajon, problemon, demandon*, résoudre une difficulté, un problème, une question), dissoudre.

solvo, solution (action de résoudre une difficulté), solution, dissolution (chim.).

solvebleco, solubilité.

nesolvebla, insoluble.

solviĝi, se résoudre, se dissoudre.

somer, été.

  somera, d'été, estival.

  somere, pendant l'été.

son, sonner (rendre un son. Tous les corps qu'on frappe peuvent *soni*; mais tous ne peuvent pas *sonori*. Voir à ce mot, plus bas).

sonigi, faire sonner.

sono, son.

sona, sonore (qui rend un son).

multesona, sonore (qui a beaucoup de son).

resona, sonore (qui renvoie le son).

resoni, résonner (renvoyer le son).

bonsona, **belsona**, harmonieux, mélodieux.

akrasona, strident.
sonat, sonate.
sonet, sonnet
sond, sonder.
   sondilo, sonde.
sonĝ, songe (rêve pendant le sommeil).
   sonĝi, songer (rêver pendant le sommeil).
sonor, produire un son musical par vibrations prolongées. Ex. : *Se mi frapas metalan aŭ vitran kavan objekton, ĝi ne sole sonas sed sonoras*, si je frappe sur un objet creux en métal ou en verre, non seulement il *sonas*, mais il *sonoras*.
sonorilo, cloche.
sonorileto, sonnette.
sonorigi, faire résonner un objet qui peut *sonori* (une cloche, une clochette, par exemple). Ex. : *Sonorigu al la servisto*, sonnez le domestique.
   sonorigisto, sonneur (de profession).
sopir, soupirer (pas au physique, c'est *ekĝemi*; mais dans le sens moral d'exprimer une peine, un regret, un désir). Ex. : *Mi eterne sopiros pro* ou *pri mia perdita feliĉeco*, je soupirerai éternellement après mon bonheur perdu. — *Ne sopiru al la riĉeco*, ne soupirez pas après la richesse.
sopiro, sopirado, soupir (expression d'une peine, d'un regret, d'un désir).
sopiranto, soupirant (celui qui soupire pour une femme aimée).
sopran, soprano.
sorb, faire lentement passer en soi (un liquide ou autre chose) en s'en imprégnant peu à peu. Ex. : *Kiam mi trempas spongon en akvon, la spongo sorbas (aŭ ensorbas) en si akvon. Tiam mi sorbigas la spongon kaj la spongo sorbiĝas*, quand je trempe une éponge dans de l'eau, l'éponge fait lentement passer l'eau en elle (*sorbas* ou *ensorbas*). Alors j'imbibe l'éponge (*sorbigas*) et l'éponge s'imbibe (*sorbiĝas*).

sorbigi, imbiber.

sorbiĝi, s'imbiber.

sorbigo, imbibition (action d'imbiber).

sorbiĝo, action de s'imbiber.

sorba papero, papier buvard.

sorĉ, pratiquer la magie, la sorcellerie.

sorĉaĵo, sort, sortilège.

sorĉa, de sort, de sortilège.

ensorĉi, ensorceler.

ensorĉo, ensorcelle- ment, enchante- ment.

sorĉisto, sorcier.

sorĉarto, sorcellerie.

sorik, musaraigne.

sorp, sorbe.

sorpujo, sorbier.

sort, sort, destinée.

ŝov, pousser une chose en la faisant glisser sur la surface où elle repose. Ex. : *Ne levu tiun ĉi seĝegon, ĝi estas tro peza; ŝovu ĝin al mi.* Ne levez pas ce fauteuil, il est trop lourd ; poussez-le vers moi (par glissement). *Ne saltante, sed ram- pante, la serpento ŝovis sin senbrue ĝis ili,* ce ne fut pas par sauts, mais en rampant, que le serpent se glissa sans bruit jusqu'à eux.

alŝovi, pousser vers (par glissement).

surŝovi, pousser sur (par glissement).

enŝovi, pousser dans (par glissement).

sovaĝ, sauvage (adj.).

sovaĝulo, sauvage (subs.).

sovaĝeco sauvagerie.

malsovaĝa, appri- voisé.

ŝovel, enlever à la pelle.

ŝovelilo, pelle.

spac, espace. (1° Dans le langage ordinaire, inter- valle des corps solides. — 2° Dans le langage scien- tifique, étendue idéale con- sidérée comme contenant toutes les étendues réel- les, tous les corps qui exis- tent ou que l'esprit conçoit comme possibles. — Toutes les fois qu'illogiquement nos langues emploient le mot *espace* pour marquer une portion de la durée, l'Esperanto lui substitue le mot juste. Ex. : *Si viris kion vivas la rozoj, la daŭ- ron* (la durée) *de mateno,* elle a vécu ce que vivent les roses, l'espace d'un matin).

enspaci, contenir, renfermer (dans son espace).

interspaco, distance, intervalle (de lieu).

spalir, espalier.

ŝpar, ménager, épargner (user et dépenser avec mesure).

malŝpari, prodiguer.

ŝparema, ménager.

malŝparema, prodigue.

troŝparemo, épargne exagérée.

spasm, spasme.

spat, spath (minér.).

spec, espèce.

unuspeca, d'une seule espèce.

diversaspeca, d'espèces diverses.

disspecigi, trier.

special, spécial.

specialaĵo, —**eco**, spécialité.

specialigi, spécialiser.

specialisto, spécialiste.

specifikaci, spécifier.

spegul, miroir.

spektr, spectre (phys.).

spekulaci, spéculation.

spekulacii, spéculer.

spekulativ, spéculatif.

spert, expérimenté.

sperto, expérience (mais pas l'expérience scientifique, qui se dit *eksperimento*).

spez, virement (de fonds).

elspezo, dépense, débours.

elspez, dépenser, débourser.

enspezo, recette.

enspezi, fair eune recette.

spic, épice et tout ce qui donne aux aliments un goût plus piquant, plus relevé.

spica, épicé.

spici, assaisonner.

spik, épi.

spin, épine dorsale échine.

ŝpin, filer.

ŝpinaĵo, quenouille.

ŝpinilo, fuseau.

radŝpinilo, rouet.

spinac (o), épinards.

spion, espion.

spioni, espionner.

spir, respirer.

spiro, **spirado**, respiration.

spirada, respiratoire.

enspiri, aspirer (uni-

quement dans le sens
d'*attirer avec le souffle*
mais nullement dans ce-
lui de désirer, qui, selon
les nuances ou la force
de l'idée, se rend par
deziri, deziregi, sopiri).

spiregi, haleter.

elspirajo, haleine.

spirebla, respirable.

perdi la spiron, s'es-
souffler.

spirit, esprit.

spirita, spirituel, intel-
lectuel (qui est relatif
à l'esprit ou de la nature
de l'esprit).

spiritism, spiritisme.

spiritist, spirite.

spiritualism, spiritua-
lisme.

spiritualist, spiritua-
liste.

spit, en dépit de. Ex. :
Livolis foriri spite ĉiuj;
il a voulu partir en
dépit de tous (le com-
plément au nominatif).

spong, éponge.

spongeca, spongieux.

sport, sport.

sprit, spirituel (qui montre de la finesse d'esprit).

spriteco, finesse d'esprit.

spritajo, mot spirituel.

spritulo, (un) homme
fin d'esprit.

malsprista, bête, stupide (adj.).

malspritajo, (une) bêtise, (une) stupidité.

malspritulo, (un) im-
bécile, (un) homme
stupide.

malspriteco, bêtise,
stupidité (qualité).

spron, éperon.

ŝpruc, jaillir.

ŝpruco, jaillissement.

ŝprucigi sur, asper-
ger, éclabousser.

ŝprucigilo, aspersoir,
goupillon.

enŝprucigi, seringuer.

enŝprucigilo, serin-
gue.

reŝpruci, rejaillir.

sput, cracher (du sang, des
glaires, etc. Pour *la salive*
l'Esperanto emploie *kraĉi*).

sputo de sango, crache-
ment de sang.

ŝrank, armoire.

sankta ŝranko, taber-
nacle (d'autel).

ŝraŭb, vis.

ŝraŭbi, visser.

ŝraŭbtenilo, étau.

stab, état-major.

stabl, établi, métier,
chevalet (C'est la table,

la planche, etc., sur laquelle travaillent le menuisier, le tourneur, le tisserand, le peintre, etc.).

staci, station (de chemin de fer, de voitures, etc.).

stacidomo, gare.

stadi, stade.

stal, étable (toute construction grossière sans fenêtres ne servant pas, du moins par destination, au logement des hommes).

ŝtal, acier.

stalagmit, stalagmite.

stalaktit, stalactite.

stamin, étamine (étoffe).

stamp, estampille, timbre (marque d'une administration, de la poste, etc.).

stampilo, timbre (l'instrument).

stampi, estampiller timbrer, oblitérer.

surstampo, surcharge (philatélie).

surstampi, surcharger.

stan, étain.

stani, étamer.

standard, drapeau, étendard.

standardisto, porte-étendard.

stang, perche (bois).

star, être debout, se tenir (debout).

elstari, saillir, faire saillie.

starigi, mettre debout, arborer, élever (une statue, par exemple).

stariĝi, se mettre debout.

stariĝi pro, prendre le parti de.

kontraŭstari al, s'opposer à.

kontraŭstaro, opposition.

stat, état (manière d'être).

statistik, statistique.

statu, statue.

ŝtat, Etat.

Unuigitaj Ŝtatoj, États-Unis.

steb, piquer (couture).

stebo, stebado, piqûre.

stebilo, machine à coudre.

stel, étoile.

stelaro, constellation.

ŝtel, voler, (dans le sens de) dérober.

ŝtelisto, voleur.

stenografi, sténographie.

stenografii, sténographier.

step, lande, steppe.

stereografi, stéréographie.

stereometri, stéréométrie.

stereoskop, stéréoscope.

stereotip, stéréotype. **stereotipi**, stéréotyper.

sterk, fumier. **sterki**, fumer, engraisser (la terre).

sterled, sterlet (poisson).

stern, étendre (sur une surface). Ex. : *Mi sternis la malsanulon sur la lito*, j'étendis le malade sur le lit.

stertor, râler.

stil, style.

stimul, stimuler.

stip, genêt (l'arbrisseau).

ŝtip, bloc (de bois ou d'autre matière), **billot**.

stof, stofe (mesure russe).

ŝtof, étoffe (tissu uniquement). **subŝtofo**, d o u b l u r e (qui peut aussi se dire *subaĵo*).

stoik, stoïque.

stomak, estomac. **stomaka**, stomacal.

ŝton, pierre. **ŝtonego**, rocher, roc. **ŝtoneto**, caillou.

ŝtonmino, carrière.

ŝtonhava ou **ŝtonplena** (*selon la nuance*), pierreux.

ŝtonlavujo, évier.

ŝtop, boucher. **ŝtopilo**, tampon (à boucher).

strab, loucher. **straba**, louche (adj.). **strabulo**, (un) louche, (un) louchon. **strabeco**, strabisme, loucherie.

strang, étrange, bizarre. **strangeco**, étrangeté, bizarrerie (qualité). **strangaĵo**, étrangeté, bizarrerie (chose, acte étrange, bizarre).

strat, rue. **strateto**, ruelle.

streĉ, tendre (raidir fortement un corps plus ou moins élastique, en l'allongeant par traction ou autrement, d'une extrémité à l'extrémité opposée. Quand j'étends le bras (*etendas*), je n'emploie pas de force ; il reste mou et flexible. Quand je le tends (*streĉas*), j'emploie toujours une certaine force ; mon bras devient dur et cesse d'être flexible. Quand les cordes d'un violon ne sont que *etenditaj*, on ne peut jouer; il faut qu'elles soient *streĉitaj*. Deux hommes qui tirent chacun un bout d'une corde *streĉas* cette corde).

streĉeco, tension (état).

malstreĉi, détendre.

strek, rayer (faire des raies, des traits).

  streko, raie, trait.

  surstreki, raturer.

stri, large raie. (La *streko* n'est qu'une ligne; la *strio* est beaucoup plus large).

strig, hibou.

  paserstrigo, chouette.

strik, grève (de travail).

striknin, strychnine.

strof, strophe.

struktur, structure.

ŝtrump, bas (vêtement).

  ŝtrumpeto, chaus-sette.

strut, autruche.

stud, étudier.

student, étudiant.

stuk, enduire de *stukaĵo*.

  stukaĵo, masse de plâtre, de sable et de chaux dont on enduit un mur.

stup, étoupe.

ŝtup, marche, échelon.

  ŝtuparo, escalier, échelle. (L'escalier et l'échelle sont essentiel-lement la même chose. Si on veut distinguer, on dit : *ŝtuparo senmova*, *ŝtuparo movebla*).

sturg, esturgeon.

sturn, sansonnet, étour-neau.

ŝu, soulier.

  sin senŝuigi, ôter ses souliers.

* **sub**, sous.

  sube, en dessous (on y est).

  suben, en dessous (on y va).

  subkuŝi, être couché dessous.

  submeti, mettre des-sous, soumettre, as-sujétir.

  submetiĝo, soumis-sion.

  subforĝi, ferrer (cheval).

  subaĵo, doublure.

  submetaĵo, sous-main.

  subulo, (un) inférieur.

subit, subit, soudain.

  subite, subitement, tout à coup.

subjekt, sujet (de verbe).

subjunktiv, subjonctif.

sublimat, sublimé (chim.).

substanc, substance.

substantiv, substantif.

suĉ, sucer.

suĉo, suĉado, sucement, succion.

ensuĉiĝi, pénétrer par succion. (L'abeille qui butine, le cousin, quand il nous suce le sang, *ensuĉiĝas,* car ils pénètrent en... *eniĝas,* du moins partiellement, par succion. *Ili eniĝas suĉe*).

suĉilo, suçoir.

suĉaĵo, suçon.

mamsuĉi, teter.

suĉinfano, nourrisson.

sud, sud, midi.

suda, méridional (adj.).

sudulo, méridional (subs.).

sufer, souffrir, endurer.

sufero, souffrance.

suferebla, endurable.

sufiĉ, suffisant.

sufiĉi, suffire.

sufiĉe, assez, suffisamment.

sufiĉega, abondant.

sufok, étouffer, suffoquer (transitif).

sufoko, étouffement, suffocation (qu'on fait subir).

sufoka, suffocant.

sufokiĝi, étouffer, suffoquer (intransitif).

sufokiĝo, étouffement suffocation (qu'on subit).

sufokteruro, affres.

sufokpremeco, anxiété.

suk, suc, jus, sève.

suka, juteux, succulent.

sukplena, plein de suc, plein de sève.

sensukiĝi, sécher; perdre son suc, sa sève; dépérir.

sukcen, succin, ambre jaune.

sukces, avoir du succès, réussir.

sukceso, succès.

suker, sucre.

sukeri, sucrer.

sukerujo, sucrier (vase).

sukerfarado, industrie sucrière, fabrication du sucre.

sukerfaristo, sucrier (qui dirige une fabrique de sucre).

sukerfarejo, fabrique de sucre.

ŝuld, devoir, être redevable. (1° Avoir à payer qqch. en argent ou en nature. Ex. : *Vi ŝuldas ion al mi,* vous me devez quelque chose. *Pagu al mi tion,* *kio estas al mi ŝuldata* payez-moi ce qui m'est dû. — 2º Avoir à s'acquitter envers qqn. dont on a reçu un bienfait. Ex. : *Mi ŝuldas ĉion al mia patro,* je dois tout à mon père. — 3º Avoir à attribuer à qqn., à qqch. un résultat bon ou mauvais. Ex. : *Al li oni ŝuldis la venkon,* c'est à lui qu'on a dû la victoire. *Al sia sola merito li ŝuldas ke li venkis,* c'est à son seul mérite qu'il doit d'avoir vaincu. — L'idée d'*être tenu de faire* qqch., soit par nécessité, soit par obligation, se rend exclusivement, en Esperanto, par la racine *dev.*).

ŝuldo, dette.

ŝuldanto, débiteur.

ŝuldigi, obliger (rendre redevable, attacher qqn. par un bon office).

sulfur, soufre.

sulfuracido, acide sulfurique.

sulk, sillon, ride.

sulketo, petit sillon, petite ride.

sulkigi, rider, froncer.

sulkiĝi, se rider, se froncer.

sultan, sultan.

ŝultr, épaule.

sum, somme.

sumi, sommer, faire la somme.

resumi, résumer.

resumo, résumé.

sun, soleil.

sunfloro, tournesol.

sup, soupe, potage.

* **super,** au-dessus de, sur. Ex. : *La suno brilas super niaj kapoj,* le soleil brille sur nos têtes. — *Regu super ni,* régnez sur nous. — *La sistemo super kiu vi laboras...* le système sur lequel vous travaillez. — *Super la pordo oni legis...* au-dessus de la porte on lisait... (Quand l'être ou l'objet reposent sur la chose en question, quand ils sont soutenus, portés par elle, l'Esperanto emploie toujours la préposition *sur.* Voir plus bas à ce mot).

superi, surpasser, l'emporter sur, excéder.

supera, supérieur.

supermezura, démesuré, excessif.

supernatura, surnaturel.

superrúzi, l'emporter en ruse.

superregi, l'emporter en domination.

supersatigi, gorger.

superakvi, inonder, submerger.

superakvego, déluge.

superfluo, superflu (subs.).

superflua, superflu (adj.).

superega, suprême.

malsupereco, infériorité.

superlativ, superlatif.

superstiĉ, superstition.

superstiĉa, de superstition, superstitieux.

superstiĉulo, homme superstitieux.

supr, en haut.

supra, d'en haut, qui est en haut (adj.).

supre, en haut, par en haut (on y est).

de supre, d'en haut.

supren, en haut, par en haut (on y va).

malsupra, d'en bas, qui est en bas (adj).

malsupre, en bas, par en bas (on y est).

de malsupre d'en bas.

malsupren, en bas, par en bas (on y va).

supro, faîte, cime, haut.

malsupro, bas (subs.).

suprajo, surface.

supraja, superficiel.

supraje, superficiellement.

* **sur**, sur. (L'être ou l'objet reposent sur la chose en question, sont portés par elle). Ex.: *La libro estas sur la tablo*, le livre est sur la table. *Portu la infanon sur la liton*, portez l'enfant sur le lit.

surd, sourd (adj.).

surdulo, sourd (subs.).

surdeco, surdité.

surda-muta, sourd-muet (adj.).

surda-mutulo, sourd-muet (subs.).

surdigi, rendre sourd, assourdir (rendre qqn. comme sourd).

surdiĝi, devenir sourd.

surpriz, surprendre.

surprizo, surprise.

surprize, avec surprise, par surprise.

surtut, pardessus.

suspekt, suspecter, soupçonner.

suspekto, soupçon.

suspekta, suspect.

suspektema, soupçonneux.

ŝut, verser (quelque chose de sec, par exemple du sable. *Verŝi* ne sert que pour les liquides ou pour le sens figuré).

disŝuti, répandre (du sel, du poivre, par exemple).

superŝuti, verser abondamment. Ex. : *Li superŝutis sablon sur min*, il m'a couvert de sable.

svat, s'entremettre pour un mariage. Ex. : *Li svatas Marion al Petro*, il propose à Pierre d'épouser Marie.

svatisto, — ino, entremetteur, entremetteuse de mariage.

Sved, Suédois.

sveda, suédois (adj.).

Svedujo, Suède.

ŝvel, enfler, gonfler (intrans.), se tuméfier.

ŝvelo, enflure, gonflement, tuméfaction.

sving, brandiller (faire osciller de çà et de là).

Svis, Suisse.

Svisujo, (la) Suisse.

ŝvit, suer, transpirer.

ŝvito, sueur, transpiration.

ŝvitbanejo, établissement de bains de vapeur.

T

tabak, tabac.

tabakejo, plantation de tabac.

tabakvendejo ou vendejo de tabako, lieu de vente du tabac.

tabaktenejo, ou tenejo de tabako, dépôt de tabac.

tabakbutiko, boutique, bureau de tabac.

tabakujo, récipient à tabac (pot, blague, tabatière).

taban, taon.

tabel, table, tableau, (dans le sens de) liste.

tabl, table (meuble).

tabul, planche.

tabuleto, planchette.

nigra tabulo, tableau noir.

taburet, tabouret.

taĉment, détachement (milit.).

taft, taffetas.

tag, jour (opposé de nuit).

tagiĝi, commencer à faire jour. Ex. : *tagiĝas,* le jour commence, il se fait jour.

simpla tago, jour ouvrier, jour ouvrable.

taglaboristo, journalier (subs.).

laŭtage, à la journée.

ĉiutage, chaque jour, journellement.

tagnokto, jour (de vingt-quatre heures renfermant le jour et la nuit).

tagnoktegaleco, équinoxe.

tajlor, tailleur.

taks, évaluer (dans le sens précis de dire quelle est la valeur). Ex. : *Mi taksas tiun ĉi ĉapelon je 10 frankoj,* j'évalue ce chapeau à 10 francs.

takso, évaluation. Ex. : *La plej forta takso ne atingus ĝian realan valoron,* la plus forte évaluation n'atteindrait pas sa valeur.

taksaro, tarif.

taksus, if.

takt, mesure (mus.). *bati la takton,* battre la mesure.

taktik, tactique.

taktikisto, tacticien.

talent, talent.

talenta, de talent, qui a du talent.

taler, thaler.

tali, taille (uniquement tour de la ceinture).

bontalia ou **beltalia,** bien fait de taille, à jolie taille (sans aucune idée de stature).

talisman, talisman.

talmud, talmud.

talp, taupe.

tambur, tambour.

tamburi, tambouriner

* **tamen,** pourtant, néanmoins.

tamtam, tam-tam.

tan, tanner.

tanisto, tanneur.

tanilo, tan.

tanin, tanin.

tapet, tenture.

tapeti, tapisser (couvrir d'une tenture, d'étoffe, de papier, etc.).

tapiŝ, tapis.

irtapiŝo, tapis de passage.

tar, tare (poids).

tarif, tarif.

tas, tasse.

task, tâche.

tatu, tatouer.

taŭg, être bon (pour)...
Ex. : *Tio ĉi taŭgas por nenio*, ceci n'est bon à (pour) rien.

sentaŭgulo, (un) vaurien.

tavol, couche (de sable, de glace, etc.).

tavoli, disposer par couches, faire des couches.

tavoleto, couche mince, feuillet.

tavoleti, feuilleter (diviser en feuillets, en lames minces).

te, thé.

tearbo, théier.

tekruĉo, théière.

temaŝino, bouilloire à thé.

teujo, boîte à thé.

teejo, (une) plantation de thé.

teatr, théâtre.

ted, fatiguer moralement, dégoûter (par sa répétition ou sa trop longue durée).

teda, qui fatigue moralement, qui dégoûte.

tėg, couvrir de toutes parts (*Kovri*, couvrir superficiellement).

tegilo, housse.

tegment, toit.

tegmentaĵo, toiture.

tegol, tuile.

teknik, technique.

teks, tisser.

teksisto, tisserand

teksaĵo, tissu.

tekst, texte.

laŭtekste, textuellement.

telefon, téléphone.

telefoni, téléphoner.

telegraf, télégraphe.

telegrafe, télégraphiquement.

telegrafi, télégraphier.

telegrafisto, télégraphiste.

teler, assiette.

telermeblo, buffet (meuble).

telertuko, torchon.

teleskop, télescope.

teleskopa, télescopique.

tem, thème. (Sujet, proposition que l'on pose pour la développer, thème musical; — mais non pas le morceau qu'on donne à traduire à un écolier, de sa langue maternelle dans une autre langue, et qui n'est logiquement qu'une version : *traduko.*)

temp, temps.

kelkatempa, temporaire.

limtempo, terme (échéance).

samtempe, dans le même temps.

samtempa, contemporain.

antaŭtempa, prématuré.

intertempo, intervalle (de temps).

ĝustatempe, à propos.

ĝustatempa, qui arrive à propos, opportun.

havi tempon por, avoir le temps de.

temperatur, température.

tempi, tempe.

ten, tenir. (Avoir dans les mains, entre les bras, etc., etc., de manière à ne pas laisser aller. Ex. : *Teni sian glavon sub la brako,* tenir son épée sous le bras. Par analogie : mettre (qqch.) dans l'impossibilité de s'en aller, de tomber, etc. Ex. : *La ŝnuro, kiu tenas la sitelon,* la corde qui tient le seau. Au figuré : 1° avoir en sa possession, à sa disposition. Ex. : *Teni en siaj manoj la sorton de iu,* tenir dans ses mains le sort de qqn. *Teni la vorton de ia enigmo, la fadenon de ia intrigo,* tenir le mot d'une énigme, le fil d'une intrigue. 2° Avoir sous sa direction. Ex. : *Teni la librojn de komercisto,* tenir les livres d'un commerçant).

tenilo, poignée, manche, anse.

tenejo, dépôt, entrepôt (lieu où on tient, où l'on a à sa disposition telles ou telles choses).

librotenisto, teneur de livres.

subteni, soutenir, étayer.

subteno, soutien.

subtenaĵo, étai.

deteni, retenir (tenir à distance, éloigné de) : *detenisin,* se retenir, s'abstenir.

deteniĝema, abstinent, continent.

deteniĝemo, retenue, abstinence, continence.

13

enteni, inclure.

entena, inclusif.

entenate, inclusive-
ment, inclus.

teniĝo, tenue.

alteniĝi, adhérer (tenir
à une chose avec laquelle
on est en contact).

alteniĝeco, adhérence.

tend, tente.

tendaro, ensemble
des tentes (dans un
campement sous la
tente).

tenden, tendon.

tenor, ténor.

tent, tenter.

tento, tentation.

teologi, théologie.

teologia, théologique.

teorem, théorème.

teori, théorie.

teoria, théorique.

ter, terre.

tera, de terre, ter-
restre.

enterigi, enterrer.

enterigiro, enterre-
ment, funérailles.

alterigi, attérir.

teretaĝo, rez-de-
chaussée.

teraĵisto, terrassier.

termezuristo, arpen-
teur.

terkolo, isthme.

terpomo, pomme de
terre.

planta tero, terre végé-
tale.

*la pluvo surterigas la
polvon*, la pluie abat
la poussière.

teras, terrasse.

terc, tierce (mus.).

terebint, térébenthine.

teritori, territoire.

termin, terme (expression d'une idée, qui définit
son rôle dans une propo-
sition, un raisonnement.
Le terme est donc comme
une définition à l'aide d'un
mot ou de *plusieurs*. Il n'est
donc nullement synonyme
du simple *vorto*, mot).

terminaro, termino-
logie.

termit, termite.

termometr, thermo-
mètre.

tern, éternuer.

terno, éternûment.

terur, terreur, effroi,
horreur.

terura, terrible, ef-
froyable, épouvan-
table.

terurigi, rendre ter-
rible.

teruriĝi, devenir terrible, épouvantable.

Ex. : *Ju pli mi al prok-simiĝis, des pli la vidaĵo teruriĝis por mi*, plus j'approchais, plus la vision devenait terrible pour moi.

testament, laisser par testament.

sentestamente, ab intestat.

testik, testicule.

testud, tortue.

kiraso de testudo, écaille, carapace de tortue.

tetan, tétanos.

tetana, tétanique.

tetaniĝi, avoir le tétanos.

tetr, tétras, grand coq de bruyère.

tetra, gélinotte des bois.

tez, thèse.

* **tia**, tel. Ex. : *Mirigitu de tia juĝo*... étonné d'un tel jugement. *Donu ĝin al mi tian, kia ĝi estas*, donnez-le-moi tel qu'il est. (Ne peut servir, quand *tel* signifie *celui qui*. Il faut alors *tiu*. Ex. : Tel qui rit aujourd'hui, pleurera demain, *tiu kiu ridas hodiaŭ, ploros mor-*

gaŭ ou kiu ridas hodiaŭ, tiu ploros morgaŭ).

* **tial**, pour cela, pour cette raison, c'est pourquoi. (C'est ce mot qu'il faut prendre pour traduire le français *aussi* signifiant c'est pourquoi. Ex. : Il n'a jamais voulu suivre mon conseil, aussi l'ai-je abandonné, *li neniam volis sekvi mian konsilon, tial mi forlasis lin*).

* **tiam**, alors, en ce temps-là.

tiama, d'alors, de ce temps-là.

tiamulo, (un) homme d'alors, de ce temps-là, (un) contemporain de cette époque.

tibi, tibia (le plus gros des deux os de la jambe).

tibikarno, mollet.

* **tie**, là-bas, là, y.

tiea, de là-bas, de là.

tieulo, (un) homme de là.

tie ĉi ou **ĉi tie**, ici.

ĉi-tiea, d'ici.

ĉi-tieulo, (un) homme d'ici.

* **tiel**, ainsi, de cette manière, comme cela, tellement. (Ce mot sert

à rendre le comparatif d'é-
galité dans les adjectifs
ou les adverbes et il ap-
pelle comme corrélatif *kiel.*
Ex. : *Li estas tiel* (tellement) *forta kiel* (comme)
vi, il est aussi fort que
vous. — *Li laboris tiel* (tellement) *bone kiel* (comme)
vi, il a travaillé aussi bien
que vous).

tiel... ke, tellement ou
tant... que. Ex. : *Li
tiel kriis, ke li raŭkiĝis
pro tio.* Il a telle-
ment (ou tant) crié
qu'il s'en est en-
roué.

tif, typhus.
tifa febro, fièvre ty-
phoïde.

tigr, tigre.
tigrino, tigresse.

tikl, chatouiller.
tiklo, chatouillement.
tikliĝema, chatouil-
leux.

tili, tilleul.

tim, craindre, avoir
peur de (trans.).
timo, crainte.
timinda, digne de
crainte.
timemo, timidité.
timulo, poltron (subs.).
maltimo, hardiesse.

maltimulo, (un) hom-
me hardi.
maltimema, hardi.
maltimego, audace.
maltimegulo, (un)
homme audacieux.
sentima, qui est sans
crainte.
sentimeco, assurance.
timigi, effrayer (trans.).
timigilo, épouvantail.
timian, thym.
timon, timon.
tindr, amadou.
tine, teigne, mite (pas
la maladie du cuir che-
velu, qui est *favo*).
tink, tanche.
tinktur, teinture.
tinkturi, teindre.
tinkturisto, tinturier.
tint, tinter, dans le
sens de l'expression
« faire *tinter* un
verre ». (Une cloche qui
sonne, *sonoras*; une sonnette qui sonne, *sonoretas*;
mais des verres qui s'en-
tre-choquent, des chaînes
qu'on secoue, une plaque
de tôle ou de cuivre sur laquelle on frappe, voire même
un grelot, *tintas*). Ex. :
*Mia patro sonorigis la
sonorilon; mia fratro
sonoretigis la sonori-*

leton, kaj mi tintigis mian tintilon. Mon père sonnait la cloche; mon frère sonnait la sonnette et je faisais sonner mon grelot.

tintilo, grelot.

*tio, cela, ce (pron.).

tio, kio; tion, kio, ce qui. Ex.: *Tio, kio plaĉos al vi, plaĉos al mi* ou *kio plaĉos al vi, tio plaĉos al mi,* ce qui vous plaira me plaira. (*Tio* et *kio* étant au même cas, au nominatif, on pourrait sous-entendre *tio.*) — *Donu al mi tion, kio estas sur la tablo,* donnez-moi ce qui est sur la table.

. **tion, kion,** ce que. Ex.: *Vi prenos tion, kion vi deziros* ou *kion vi deziros, tion vi prenos,* vous prendrez ce que vous désirerez. (*Tion* et *kion* étant au même cas, à l'accusatif, on pourrait sous-entendre *tion*).

*tiom, autant, tant. (Ce mot marque la quantité et appelle comme corrélatif *kiom.* Ex.: *Li tiom laboris, kiom vi,* il a autant tra-vaillé que vous. — *Tiom da akvo, kiom da vino,* autant d'eau que de vin. — *Tiom, kiom illi povos,* autant qu'ils pourront. — *Tiom da homoj estis sur la strato, ke oni ne povis plu iri antaŭen,* il y avait tant de gens dans la rue qu'on ne pouvait plus avancer).

tir, tirer.

tiro, traction.

altiri, tirer vers, attirer.

altiro, attraction (ordinaire).

altiriĝi, être attiré vers (littér.: devenir attiré vers).

altiriĝeco, attraction (universelle, moléculaire).

surtiri, tirer sur. Ex.: *Mi surtiras la ganton sur mian manon.* Je tends le gant (littér.: je le tire) sur ma main.

kuntiri, resserrer (les tissus), avoir un effet astringent.

kuntira, astrigent.

kuntiriĝi, se resser-rer, se contracter.

fortiri, éloigner par traction.

retiri, tirer en arrière. Ex. : *Li retiris de mi la seĝon*, il m'a retiré ma chaise. *Retiru vian manikon*, relevez votre manche (littér. : tirez en arrière, expression certainement plus juste ici que *relevez*).

korktirilo, tire-bouchons.

butontirilo, tire-boutons.

tirilo, trait (de voiture).

tiran, tyran.

titol, titre.

titoli, intituler.

*'tiu, celui-là, celle-là, cet... là, ce... là, cette ... là.

tiu ĉi, ou **ĉi tiu**, celui-ci, celle-ci, cet... ci, ce... ci, cette... ci. Ex. : *Tiu esta pli, bona, prenu ĝin*, celui-là est meilleur, prenez-le. -- *ou vi vidas tiun virinon?* voyez-vous cette femme-là? — *Tiu ĉi knabo estas pli dika ol tiu*, ce garçon-ci est plus gros que celui-là. — *Donu al mi tiun ĉi*, donnez-moi celle-ci (ou celui-ci selon l'être ou la chose représentés). — *Tiuj ĉi estas tiel belaj kiel tiuj*, ceux-ci sont aussi beaux que ceux-là.

tiu, kiu; tiun, kiu, celui qui ou celle qui. Ex. : *Tiu, kiu volas esti feliĉa*, ou *kiu volas esti feliĉa, tiu devas...* celui qui veut être heureux doit. (*Tiu* et *kiu* étant au même cas, au nominatif, on pourrait sous-entendre *tiu*). *Donu al mi tiun, kiu estas apud vi*, donnez-moi celui qui est près de vous.

tiu, kiun; tiun, kiun, celui que. Ex. : *Tiu, kiun mi vidas, estas pli bone farita*, celui que je vois est mieux fait. *Prenu tiun, kiun vi volos*, prenez celui que vous voudrez. (*Tiun* et *kiun* étant au même cas, à l'accusatif, on pourrait sous-entendre *tiun*.)

tizan, tisane.

toast, toast.

tol, toile.

tolaĵo, linge.

toler, tolérer.

tolero, tolérance.

tolera, de tolérance.

tolerema, tolérant.

tolerebla, tolérable.

netolerebla, intolé-
rable.

tomat, tomate.

tomb, tombe, tombeau.

entombigi, mettre
dans le tombeau.

tombak, tombac.

ton, ton (mus.).

tond, tondre,

tondo, tonte, tonture
(mais non la courbure
longitudinale donnée à
un navire et appelée
tonture).

tondisto, tondeur.

tondilo, ciseau.

tondmaŝino, ton-
deuse.

tondr, tonner.

tondro, tonnerre.

fulmotondro, orage.

tonsur, tonsure.

topaz, topaze.

topografi, topographie.

torĉ, torche.

tord, tordre, tortiller,
corder.

tordo, torsion (action).

torda, tortueux.

distordo, entorse.

tordeco, torsion (état).

toreador, toréador.

torent, torrent.

torf, tourbe.

torn, tourner (faire, travailler au tour).

tornisto, tourneur.

tornistr, havresac.

torped, torpille.

tors, torse.

tort, tourte.

*tra, à travers.

trae, de part en part,
d'outre en outre.

trairi, traverser.

trapiki, transpercer.

trab, poutre.

trabeto, poutrelle.

trabaĵo, charpente.

trabaro, réunion de
poutres, train de
bois flotté, échaf-
faudage.

tradici, tradition.

traduk, traduire.

traduko, tradukado,
traduction.

tradukisto, traduc-
teur (de profession).

tradukinto, traduc-
teur (qui a traduit).

traf, toucher le but.

trafo, action de tou-
cher le but.

maltrafi, manquer le but. Ex. : *Vi tre bone celis, sed en la lasta momento via mano iom tremis kaj vi maltrafis la celtabulon,* vous avez très bien visé, mais au dernier moment votre main a un peu tremblé et vous avez manqué la cible.

je l'trafo, au hasard.

tragedi, tragédie.

tragedia, tragique.

tragediisto, tragédien.

trahê, trachée-artère.

trajt, trait, linéaments (du visage et marque significative de qqch.).

trakt, traiter (un sujet, une question, une affaire).

traktat, traité (ouvrage où l'on traite d'une matière; — convention entre deux parties, traitant et déterminant par articles ce qui a été stipulé de part et d'autre).

tramvoj, tramway.

tranĉ, trancher, couper.

tranĉo, action de trancher, de couper.

tranĉajo, tranche.

tranĉilo, couteau.

tranĉilego, coutelas.

tranĉileto, canif.

altranĉi, couper, tailler qqch. à la mesure voulue, suivant une forme déterminée.

altranĉisto, coupeur.

tranĉado, action prolongée de couper, et tranchées (colique aiguë.).

tranĉrando, (le) tranchant, (le) coupant.

tranĉe, tranchée.

trankvil, tranquille, calme (sans inquiétude).

trankvilo, tranquillité, calme (en eux-mêmes).

trankvileco, état de tranquillité, de calme (absence d'inquiétude, de trouble).

maltrankvila, inquiet.

maltrankvileco, état d'inquiétude.

trankviligi, tranquilliser, calmer (au moral).

trankviliĝi, se tranquilliser, se calmer (au moral).

maltrankviligi, in-quiéter.

maltrankviliĝi, s'in-quiéter.

trans, au delà, par delà, trans — (prép.).

transa, d'au-delà.

transe, au-delà (adv., on y est).

transen, au delà (adv., on y va).

transporti, transporter, transférer.

transloki, déplacer.

transmigri, se transplanter, émigrer.

transloĝigi, transplanter (établir dans une autre résidence).

transĵeti, jeter au-delà, jeter par-dessus.

transŝarĝi, transborder.

transskribi, transcrire.

transigi, transmettre, aiguiller.

transigilo, aiguille (chemin de fer).

transigilisto, aiguilleur.

trapez, trapèze.

trat, tirer une traite.

trato, traite.

*tre, très, bien, beaucoup, fort. Ex. : *Tre forta,* très fort, bien fort. — *Mi tre amas lin,* je l'aime bien, je l'aime beaucoup.

treege, extrêmement, au plus haut point.

trem, trembler.

tremo, tremado, tremblement.

ektremi, se mettre à trembler.

tremeti, frissonner.

tremfrosto, frisson de la fièvre (sensation de froid extrême causant le tremblement).

tremol, tremble (arbre).

tremp, tremper (plonger dans un liquide), immerger.

trempo, immersion.

tren, traîner (trans.). Ex. : *Li trenis sin al miaj piedoj,* il se traînait à mes pieds.

treniĝi, traîner (intrans.).

trenaĵo, traîne, queue de robe.

trezor, trésor.

*tri, trois.

trio, trio.

tria, troisième.

triono, tiers.

triobla, triple.

tridento, trident.

tripiedo, trépied.

Triunuo, (la) Trinité.

trifolio, trèfle.

triangulo, triangle.

tribun, tribune.

trigonometri, trigonométrie.

tricikl, tricycle.

trik, tricoter.

trikilo, aiguille à tricoter.

trikot, tricot (tissu de coton, de laine, etc., dont on fait les mailles à la main sur des tiges d'acier, de bois, etc.).

tril, trille (mus.).

trink, boire.

trinkejo, abreuvoir.

trinkigi, faire boire.

trinkaĵo, boisson.

trinkaĵisto, sommellier.

trip (oj), tripes.

tritik, froment.

triumf, triomphe.

triumfa, triomphal.

triumfe, triomphalement.

triumfi, triompher.

trivial, trivial.

trivialeco, trivialité.

*__tro__, trop.

troa, excessif.

troe, en trop, de trop.

trorapida, précipité.

trofidema, trop enclin à compter sur l'appui, la force de, sur le succès.

tromemfida, qui compte trop sur lui-même, présomptueux.

trograndigi, exagérer.

trograndigo, exagération.

trouzi, abuser (dans le sens d'user avec excès).

trouzo, abus (usage excessif).

trog, auge.

tromb, trombe.

trombon, trombone.

tromp, tromper.

trompo, tromperie.

trompanto, trompeur (subs.).

trompiĝi, se tromper.

tron, trône.

tropik, tropique.

tropika, des tropiques, tropical.

trot, trotter.

troto, trot.

trotuar, trottoir.

trov, trouver.

troviĝi, se trouver.

trovaĵo, trouvaille.

eltrovi, découvrir (trouver ce qui jusque-là était caché ou in-connu).

eltrovo, découverte.

tru, trou.

butontruo, b o u t o n-nière.

naztruo, narine.

trud, imposer. Ex. : *Nenia homo povos · trudi* (ou *altrudi*) *al mi tiun rolon*, aucun homme ne pourra m'imposer ce rôle. — Vouloir faire prendre de force.

trudema, qui impor-tune de son insis-tance, veut faire prendre de force.

altrudi, imposer à, vouloir faire pren-dre de force à.

trudpeti, quémander.

truf, truffe.

trul, truelle.

trumpet, trompette.

trumpeti, trompeter.

trumpetisto, (le) trom-pette.

trunk, tronc (d'arbre).

trunketo, tige, queue (de plante).

trut, truite.

trutino, truite fe-melle.

tualet, toilette, tout ce qui concerne notre ar-rangement extérieur.

tualetejo, cabinet de toilette.

tub, tuyau, tube.

pipa tubo, tuyau de pipe.

tubeto, canule.

tuber, tubérosité, nœud (d'un arbre).

ligotubero, nœud (en-trecroisement serré).

tuberkul, t u b e r c u l e (méd.).

tuf, touffe (de cheveux). de plumes, de poils, etc.).

tuj, tout de suite, aus-sitôt.

tuja, immédiat.

tuk, (un) linge.

tablotuko, nappe.

buŝtuko, serviette (de table).

tualettuko, serviette de toilette.

antaŭtuko, tablier.

tul, tulle.

tulip, tulipe.

tumult, tumulte.

tumulta, tumultueux.

tup, toupie.

tur, tour.

turban, turban.

turd, grive.

turk, turc (adj.).

Turko, Turc (subs.).

Turkujo, Turquie.

turism, tourisme.
turist, tourist.
turkis, turquoise.
turment, tourmenter.
turn, tourner (trans).
  sin turni, se tourner.
  turniĝi, tourner, pivoter (intrans.). Tourner, dans le sens de décrire un rond, se dit *rondiri*. Ex. : *La tero turniĝas kaj rondiras ĉirkaŭ la suno,* la terre tourne sur elle-même, pivote et tourne (se meut circulairement, va en rond) autour du soleil.
  elturniĝi, se tirer d'affaire.
  elturniĝo, subterfuge.
  elturniĝema, qui sait se retourner, se tirer d'affaire.

ŝraŭbturnilo, tournevis.
returnite, à l'envers.
turnoborilo, vilebrequin.
turnir, tournoi.
turto, tourterelle.
tus, tousser.
tuso, toux.
tuŝ, toucher.
  tuŝanta, touchant.
  kortuŝanta, attendrissant, émouvant.
  kortuŝeco, attendrissement, émotion.
  kortuŝiĝi, s'attendrir, s'émouvoir.
  tuŝeti, effleurer.
  intertuŝiĝi, s'entre-toucher.
  ektuŝegi, heurter.
tut, entier, tout entier. total, intact.
  tuteco, totalité.
  tuto, (le) tout.

U

u, marque l'impératif-subjonctif, Ex. : *Faru,* fais, faites; *li faru,* qu'il fasse. *Mi volas ke li venu,* je veux qu'il vienne. *Por ke mi gajnu,* pour que je gagne.

(Pour l'emploi de ce mode consulter le *Commentaire sur la grammaire Esperanto,* p. 93).
uj, qui porte, renferme... Ex. : *Pomo,* pomme; *pomujo,* pommier. *Tur-*

ko, Turc; *Turkujo*, Turquie. *Sukero*, sucre; *sukerujo*, sucrier. (C'est le *suffixe du contenant naturel* : *Pomujo, Turkujo*; ou du contenant par usage : *sukerujo*).

ujo, contenant (subs.).

ul, l'être caractérisé par... Ex. : *Bela*, beau, *belulo*, un bel homme, *belulino*, une belle femme; *sankta*, saint; *sanktulo*, un saint; *ringo*, anneau, *ringula*, un annelé.

ulcer, ulcère.

ulm, orme.

uln, aune (mesure).

ultimatum, ultimatum.

ultramar (a), bleu d'outre-mer.

um, suffixe peu employé et qui est, dans les affixes, le pendant de *je* dans les prépositions. (Bien que les mots où il figure doivent être appris comme s'ils étaient de simples racines, il n'en a pas moins son utilité pour la mémoire, car il permet de rattacher encore le sens du mot qu'il forme à celui de la racine). Ex. : *Kolo*, col, *kolumo*, col-

let, faux-col; *kruco*, croix, *krucimi*, crucifier.

umbilik, nombril. *umbilika snuro*, cordon ombilical.

unc, once.

ung, ongle, griffe.

ungego, serre.

uniform, uniforme (costume).

univers, univers.

universa, de l'univers.

universal, universel (qui embrasse la totalité des choses; ce qui ne veut nullement dire unique).

universitat, université.

universitata, d'université, universitaire.

universitatano, universitaire (subs.).

'unu, un.

unuj, les uns.

unua, premier.

unue, premièrement. d'abord.

unuo, unité (Math.). Ex. : *Ĉiu nombro enhavas kelke da fojoj la unuon, aŭ partumon ian de la unuo*, tout nombre contient un certain nombre de fois l'unité ou une fraction de l'unité. — *La unuo de longo, de suprafo, de amplekso, de pezo,* l'unité de longueur, de surface, de volume, de poids.

unueco, unité. (1° Caractère de ce qui est unique. Ex. : *La dogmo de la unueco de Dio,* le dogme de l'unité de Dieu ; 2° Caractère de ce qui forme un tout unique par la liaison des parties. Ex. : *La unueco de plano,* l'unité de plan. 3° Union, liaison établie entre plusieurs choses, de manière qu'elles ne fassent plus qu'un. Ex. : *Kompreni la unuecon ekzistantan inter du aferoj estas....* concevoir l'union qui existe entre deux choses c'est... *La plej intima unueco,* l'union la plus intime).

Unueco donas fortecon, l'union fait la force.

unuigi, unir (dans le sens de : 1° Lier plusieurs choses entre elles, de manière qu'elles ne fassent qu'un. Ex. : *La animo*

estas unuigita kun la korpo, l'âme est unie au corps ; 2° Associer par un lien politique, religieux, commercial, etc. *La Unuigitaj ŝtatoj Amerikaj,* les Etats-Unis d'Amérique ; 3° Lier par le mariage, par l'affection. Ex. : *Por esti unuigitaj sub la leĝo de la edzeco,* pour être unis sous la loi du mariage. *Unigita familio,* une famille unie. — Pour *unir* signifiant rendre lisse, sans inégalités, il faut *glatigi.* Étoffe unie se rend par *simpla* ou *sendesegna ŝtofo,* selon l'idée).

unuigi, signifie encore *unifier.*

unuiĝi, s'unir, s'unifier (Si l'on veut dire *se marier,* il faut *edziĝi).*

unuigo, union, unification (qu'on fait subir).

unuiga, unitif.

unuiĝo, union, unification (qu'on subit. Si on veut parler du mariage, il faut *edziĝo).*

unuobla, simple (qui n'est pas multiple). Ex. : *Unuobla fadeno estas malpli forta ol duo-*

bla, un fil simple est moins fort qu'un double.

unuvoĉe, d'une seule voix, unanimement.

unuforma, uniforme. Ex.: *strukturo, stilo, vivo unuforma*, structure, style, vie uniformes.

unuseksa, unisexuel.

unuokula, borgne.

Triunuo, Trinité.

Unuiĝo poŝta universala, union postale universelle.

ur, ure, aurochs.

urb, ville, cité.

urba, urbain, urbaine.

urbano, citadin.

ĉefurbo, capitale.

antaŭurbo, faubourg.

urĝ, être urgent.

urin, uriner.

urino, urine.

urinejo, urinoir.

urintubo, urètre.

urinaĵo, urée.

urjadnik, sous-officier (chez les Cosaques).

urn, urne.

urogal, coq de bruyère.

urs, ours (espèce).

ursino, ourse.

urtik, ortie.

us, marque le conditionnel. Ex.: *Tion ĉi mi farus, se mi povus*, je le ferais, si je le pouvais (littéralement : si je pourrais, comme le veut la logique. Pour l'emploi de ce mode voir le *Commentaire sur la grammaire Esperanto*, p. 91).

uter, matrice, utérus.

utera, utérin.

util, utile.

utilo, intérêt, avantage. Ex.: *La lingvo internacia celas la utilon de la homaro*, la langue internationale vise l'intérêt, l'avantage (l'utile) de l'humanité.

utileco, utilité (caractère de ce qui est utile).

utili, avoir de l'utilité, servir utilement. Ex.: *Tio ĉi utilos al vi*, ceci aura de l'utilité pour vous, vous servira utilement.

utiligi, utiliser.

malutili, nuire.

malutila, nuisible.

senutila, inutile.

malutilo, inconvénient, désavantage.

senutileco, inutilité (qualité).

senutilajo, chose inutile.

utopi, utopie.

utopiisto, utopiste.

uz, employer, user de, faire usage de, se servir de (avec l'accusatif, car ce verbe est transitif en Esperanto).

uzo, uzado, usage, emploi.

fari uzon el, profiter de.

Ex. : *Mi faras uzon el la okazo*, je profite de l'occasion.

uzajo, ustensile.

malbonuz, abuser (user mal).

trouzi, abuser (user avec excès).

trouzo, abus (excès).

eluzita, usé.

uzurp, usurper.

uzurpo, usurpation.

uzurpulo, usurpateur.

V

vafl, gaufre.

vaflumi, gaufrer.

vag, vaguer, rôder.

vagisto, vagabond.

vagon, vagon.

vagonaro, train.

vak, être vacant.

vakcini, airelle rouge.

vaks, cire.

vakstolo, toile cirée.

sigelvakso, cire à cacheter.

valiz, valise.

valor, valoir.

senvalora, sans valeur.

vals, valse.

valsi, valser.

van, vain (uniquement dans le sens de ce qui est sans résultat, qui n'atteint pas son but. Ex. : *Mia peno restis vana*, mon effort resta vain. — Vain dans le sens de qui *aime à se montrer*, à paraître se dit *šajnema*, *sinmontrema*. — Vain dans le sens de ce qui est sans réalité se dit *malreala*. Ex. : *sonĝo, gloro malreala*, vain songe, vaine gloire).

vane, vainement.

vaneco, vanité (état de ce qui est *vana*).

vang, joue.

vangharoj, favoris.

vangofrapo, soufflet.

posta vango, fesse.

vanil, vanille.

vant, qui n'a aucune valeur sérieuse, qui est vide de valeur, frivole, futile.. Ex. : *Havi la guston de l'vantaj aferoj*, avoir le goût des choses frivoles. — *Leĝoj vantaj kaj senutilaj*, lois frivoles et inutiles.

vanteco, état, caractère de ce qui est *vanta* ; frivolité, futilité (au sens abstrait).

vantaĵo, (une) frivolité, (une) futilité.

vapor, vapeur.

vapora, vaporeux.

vaporigi, vaporiser.

vaporiĝi, se vaporiser, passer à l'état de vapeur.

vaporiĝo, vaporisation.

vaporŝipo, bateau à vapeur.

varb, enrôler, recruter.

varbo, **varbado**, enrôlement.

varbito, enrôlé, recrue.

variol, variole.

variolulo, varioleux.

varm, chaud.

varmo, chaleur (opposée au froid).

varmeco, état de chaleur.

varmigi, chauffer, échauffer (rendre chaud)

varmigilo, réchaud.

varmiĝi, se chauffer, s'échauffer.

malvarma, froid (adj.)

malvarmo, froid (subs.).

malvarmeco, état de froid.

malvarmigi, refroidir.

malvarmiĝi, se refroidir (devenir froid).

malvarmiĝema, frileux.

malvarmumi, s'enrhumer.

malvarmumo, rhume.

varmejo, serre chaude.

varmega, brûlant (chaud au plus haut point).

varmegiĝi, devenir brûlant. (Brûler dans le sens d'altérer par l'action du feu ou d'une chaleur intense, se dit *bruldifekti*. Ex. : *Li bruldifektis al si la manon*, il s'est brûlé la main. — Brûler, dans le sens de *faire que brûle*, faire que

14

le feu consume, se dit *bruligi*.)

varmegeco, état de ce qui est brûlant.

vart, soigner (un enfant, veiller sur lui, s'en occuper habituellement).

vartistino, bonne d'enfant.

vasal, vassal.

vasaleco, vassalité, vasselage.

vast, vaste, spacieux, étendu.

vasteco, état de ce qui est vaste, étendu, spacieux.

vastigi, rendre vaste, spacieux, étendre.

vastigo, action de rendre vaste, spacieux, extension (qu'on donne).

vastiĝo, action de devenir vaste, spacieux, extension (qu'on reçoit).

vaste, d'une manière vaste, spacieusement, largement.

malvasta, resserré, étroit.

malvasteco, étroitesse.

malvastigi, resserrer.

plimalvastigi, rétrécir, restreindre.

malvastigo, resserrement (qu'on fait subir).

malvastiĝo, resserrement (qu'on subit).

plimalvastigo, rétrécissement, restriction (qu'on fait subir).

plimalvastiĝo, rétrécissement (qu'on subit).

plimalvastiga, restrictif.

vat, ouate.

vati, ouater.

vaz, vase (réceptacle en bois, métal, verre, terre, porcelaine, etc., de grandeur, de forme variée, destiné à contenir toute espèce de substance liquide ou solide : eau, liqueurs, aliments, fruits, fleurs, etc.).

lavvazo, cuvette (pour ablutions).

manĝovazoj, vaisselle.

vazelin, vaseline.

vazistas, vasistas.

***ve**, malheur!

ho ve! hélas!

veget, végéter.

vegetado, végétation.

vegetaĵo, végétal (subs.).

vegetaĵa, végétal (adj.).

vegetiga, végétatif.

vejn, veine (du corps ou d'un terrain), filon (d'une mine).

vejna, veineux.

vejni, veiner.

vejneto, veinule.

vek, réveiller, éveiller. (Tirer du sommeil au propre et au figuré, mais non appeler, attirer, provoquer. Ex. : *Mi povas veki homon aŭ la dormantan atenton de aŭskultantoj, sed mi alvokas, altiras, elvokas la admiron, la konfidon.* Je puis éveiller (*veki*) un homme ou l'attention endormie d'auditeurs, mais j'appelle (*alvokas*), j'attire (*altiras*), je provoque (*elvokas*) l'admiration, la confiance).

veko, action de réveiller.

vekiĝi, s'éveiller, se réveiller.

vekiĝo, réveil (action de se réveiller). Ex. : *La vekiĝo de l'naturo*, le réveil de la nature.

vekhorloĝo, réveille-matin.

vekt, fléau (de balance).

vel, voile (de bateau).

velen, vélin.

velk, se faner, se flétrir.

velociped, vélocipède.

velur, velours.

ven, venir.

veno, venue.

deveni, venir de, tirer son origine de, dériver de (intrans.).

deveno, origine.

devena, originel.

devenigi, faire venir de, dériver de (trans.).

devenigado, dérivation.

vorto devenigita, mot dérivé.

elveni, sortir de, provenir (par sortie).

elveno, sortie, provenance.

alveni, arriver.

alveno, arrivée.

enveni, venir dans.

kunveni, venir ensemble, se réunir.

kunveno, action de venir ensemble, de se réunir.

vesperkunveno, soirée, (dans le sens de) réunion du soir.

interkunveno, rendez-vous.

kunvenejo, lieu de rendez-vous.

vend, vendre.

vendo, vendado, vente
nevendebla, invenda-
ble.
vendisto, marchand.
revendi, revendre.
revendisto, reven-
deur.
detala vendado, débit,
vente au détail.
vendred, vendredi.
venen, poison, venin.
venena, vénéneux.
veneni, empoisonner.
venĝ, venger (trans.). Ex.:
Venĝu min, vengez-
moi. *Mi venĝas la mor-
ton de mia patro,* je
venge la mort de mon
père. — Ce dont on se
venge est précédé de
la préposition *pri* ou
pro. Ex. : *Ni venĝos
nin pri* ou *pro via in-
sulto,* nous nous ven-
gerons de votre in-
sulte. — L'être sur le-
quel se porte la ven-
geance, celui *à* qui
elle va, se trouve logi-
quement précédé de
la préposition *al.* Ex. :
Mi venĝos min al li, je
me vengerai de lui
(c'est *à lui* qu'ira ma vengeance). *Mi venĝis al li
la morton de mia filo,*

je me suis vengé sur
lui de la mort de mon
fils ou j'ai vengé sur
lui la mort de mon fils
(la vengeance de la mort
de mon fils est allée *à lui*).
venĝema, vindicatif.
venĝemo, propension
à la vengeance.
venĝebla, qu'on peut
venger.
venĝinda, qui mérite
vengeance.
venk, vaincre, sur-
monter.
venko, victoire.
venkanto, vainqueur
(il vainc).
venkinto, vainqueur
(il a vaincu).
venkosigno, trophée.
vent, vent.
ventego, tempête.
turnovento, tourbil-
lon.
vento favora, vent favorable.
ventas, il vente.
ventumi, éventer (ra-
fraîchir en agitant l'air
avec un éventail).
ventumilo, éventail.
ventoflago, girouette.
ventol, ventiler (aérer,
en produisant un cou-
rant d'air).

ventolilo, ventilateur.

ventr, ventre, abdomen.

ventra, abdominal.

dikventra, ventru.

ventroparolisto, ventriloque.

ver, vrai.

vero, (la) vérité (en elle-même).

vereco, caractère de ce qui est vrai.

vere, vraiment.

verŝajno, vraisemblance.

verŝajna, vraisemblable (qui a toutes les apparences de la vérité, mais non pas dans le sens de « qui a toutes les probabilités ». Pour cette dernière idée, l'Esperanto emploie *kredebla*).

verema, véridique.

verand, véranda.

verb, verbe.

verben, verveine.

verd, vert (uniquement dans le sens de couleur).

verdo, vert (subs.).

verdaĵo, verdure.

verdi, verdoyer (se montrer vert).

verdanta, verdoyant.

verdiĝi, verdir.

dubeverda, verdâtre.

verdigr, vert-de-gris.

verg, verge (baguette).

vergeto, vergette.

vergaĵo, broutilles.

vergi, battre de verges.

vergita, vergé (papier).

verk, composer (des œuvres littéraires ou musicales).

verko, œuvre, ouvrage (littéraire ou musical).

verkado, composition (œuvre littér. ou mus.).

verkisto, compositeur écrivain (d'œuvres littér. ou mus.).

verkanto, celui qui est en train de composer.

verkinto, celui qui a composé.

verm, ver.

vermeto, vermicule.

vermoforma, vermiforme.

vermetforma, vermiculaire.

kontraŭverma, vermifuge (adj.).

kontraŭvermaĵo, vermifuge (subs.).

vermiĉel, vermicelle.

vermut, vermouth.

vers, vers.

versaĵo, pièce de vers.

versi, versifier, faire des vers.

versisto, versificateur.

verŝ, verser (ne s'emploie que pour les liquides et au figuré. — Quand ce qu'on verse est quelque chose de sec, par exemple du sable, des allumettes, l'Esperanto emploie *ŝuti*).

disverŝi, répandre. Ex. : *Gardu, ke vi ne disverŝu la inkujon sur la tapiŝon,* faites attention à (donnez-vous garde de) répandre l'encrier sur le tapis.

transverŝi, transvaser.

surverŝi, arroser.

verŝilo, arrosoir.

oferverŝo, libation.

verst, verste.

vert, sommet de la tête, sinciput.

vertebr, vertèbre.

vertebra, vertebr-hava, vertébré.

vertikal, vertical.

veruk, verrue.

vesp, guêpe.

vespejo, guêpier.

vesper, soir, soirée (pas la réunion dans la soirée, qui est *vesperkunveno* ou *vesperfesto*).

vespere ou **je l'vespero,** le soir, pendant le soir, au soir.

vesperfesto, fête du soir, soirée.

vespera, de soir, du soir.

vespert, chauve-souris.

vest, vêtir, habiller.

vesto, habit.

vestado, action de s'habiller.

senvestigi, déshabiller, dévêtir.

sin senvestigi, se déshabiller, se dévêtir.

mi vestas la piedojn, je me chausse.

mi senvestigas la piedojn, je me déchausse.

vestaĵetaro, layette.

vestejo, vestiaire (lieu de dépôt pour les habits).

vestotenejo, garde-robe (chambre, armoire où l'on serre les habits).

veŝt, gilet.

vestibl, vestibule, parvis (dans le sens de vestibule).

vet, parier.

veto, pari.

veta, de pari.

vete, à l'envi, à qui mieux mieux.

vetbatali, rivaliser.

veter, temps (uniquement dans le sens de l'état de l'atmosphère. — Pour la durée l'Esperanto emploie toujours *tempo*).

vetera, du temps.
La vetero estas bela hodiaŭ ou *estas bele hodiaŭ*, il fait beau.

veterinar, vétérinaire.

vetur, aller, se transporter à l'aide d'un véhicule quelconque (voiture, chemin de fer, bateau, etc.).

veturilo, véhicule à voiturer et voiture (en tant que c'est le véhicule le plus ordinairement employé pour transporter en voiturant. — *Transportilo*, terme plus général, désigne *tout* instrument de transport).

puŝveturilo, brouette.

glitveturilo, traîneau.

veturilaro, train de voitures, de chariots.

veturilejo, remise.

veturigi, transporter, charrier par *veturilo*.

veturigisto, cocher.

traveturi, traverser (en voiture, etc.).

ekveturi, partir (en voiture, etc.).

enveturejo, embarcadère.

elveturejo, débarcadère.

vesik, vessie.

vezikigilo, vésicatoire.

veziketo, vésicule.

vezir, vizir.

*__vi__, vous, toi, tu. (Pour le tutoiement, voir ce qui est dit dans le *Commentaire*, à la page 27.)

via, votre, ton.

(la) via, le vôtre, le tien.

viand, viande, chair.

viandmanĝanta, carnivore, carnassier (adj.). (Quand *chair* signifie évidemment *corps*, par opposition à esprit, on le traduit par *korpo*. Ex. : *La reviviĝo de l'korpo*, la résurrection de la chair ; mais on pourrait dire aussi *la reviviĝo de l'karno*).

vibr, vibrer.

viburn, obier (viorne).

vic, rang (chacune des lignes sur lesquelles une

suite de choses, de personnes sont disposées. — Dans une série de personnes, de choses, place qui revient à chacune avant ou après les autres) ; — tour (dans une série de mouvements, d'actes alternatifs ou successifs, moment où chacun d'eux s'accomplit).

vice, laŭ vico, à tour de rôle, suivant le tour.

siavice, à son tour.

vicprezidanto, vice-président.

vicreĝo, vice-roi.

vid, voir.

vido, vue, vision (perception par les yeux).

vidado, vue (sens de la vue).

vidaĵo, vue, vision (*chose vue*).

ekvidi, apercevoir (commencer à voir).

vidiĝi, se voir (dans le sens de devenir vu). Ex. : *Tio ĉi vidiĝas tre ofte,* cela (ceci) se voit très souvent.

vidiĝo, aspect, vue (que présentent l'être ou la chose vus).

bonvidiĝa, belvidiĝa, de belle vue.

videbla, visible.

videble, visiblement.

nevidebleco, invisibilité.

vidinda, qui mérite d'être vu.

vidindaĵo, chose qui mérite d'être vue, (une) curiosité.

antaŭvidi, prévoir (voir d'avance en esprit).

antaŭvido, prévision.

intervidiĝo, entrevue.

malproksimvida, presbyte.

akravida, de vue perçante.

vidv, veuf (adj.).

vidvo, veuf (subs.).

vidveco, veuvage.

vigl, éveillé, alerte.

vigligi, rendre éveillé, alerte.

vignet, vignette.

vikari, vicaire.

vil, villosité.

vilaĝ, village.

vilaĝano, villageois.

vin, vin.

vinejo, chai.

vinbero, raisin (baie à vin).

vinberejo, vigne.

kulturigisto de vinberoj, viticulteur.

sekvinbero,raisin sec.
vinbertrunko, cep.
vinberbrancô, sarment.
vinberlaŭbo, treille.
vinvendisto, ou **vinisto**, marchand de vin.
vinfarado, vinification.
vinagr, vinaigre.
vind, emmailloter.
vindo, maillot.
vintr, hiver.
vintra, d'hiver, hivernal.
travintri, hiverner.
viol, violette.
violkoloro, (le) violet.
violkolora, **viola**, violet (adj.).
violon, violon.
violonisto, violoniste.
violonĉel, violoncelle.
violonĉelisto, violoncelliste.
vip, fouet (long, servant à conduire les chevaux, etc.).
vipi, fouetter (avec le *vipo*).
vipeto, cravache.
viper, vipère.
vir, homme (sexe), mâle.
virino, femme.
viriĝi, devenir hom-

me, arriver à la puberté (pour les hommes).
viriniĝi, devenir femme, arriver à la puberté (pour les femmes).
virg, vierge (adj.).
`animo, *koro virga*, une âme, un cœur vierge.
virgeco, virginité.
virgulino, femme vierge.
malvirgigi, violer, déshonorer.
virt, vertu.
virta, de vertu, vertueux.
malvirto, vice.
malvirta, de vice, vicieux.
virtuoz, virtuose.
virtuozeco, virtuosité.
visk, gui.
vist, wist.
viŝ, essuyer.
deviŝi, essuyer de.
viŝilo, torchon, linge à essuyer.
manviŝilo, essuie-mains.
vitr, verre (matière).
vitri, vitrer.
vitrigi, vitrifier.
vitraĵisto, vitrier.
okulvitroj, lunettes.
vitriol, vitriol.

viv, vivre.

vivo, vie.

viva, de vie, qui a de la vie, vif.

viveg, impétueux.

malviva, mort (adj.).

malvivulo, cadavre.

ĝisvivi, vivre jusqu'à:...

postvivi, survivre.

travivi, traverser, vivre à travers... Ex. : *Mi travivis la tutan vintron en lamalĝojo*, j'ai traversé tout l'hiver dans la tristesse.

vizaĝ, visage, figure.

vizier, visière.

vizit, visiter (aller voir qqn., qqch.).

vizitadi, fréquenter.

vizito, visite.

vizitanto, visiteur.

voc, voix (même dans le sens de *vote*).

voĉa, de la voix, vocal.

laŭtvoĉa, à voix forte.

voĉdoni, voter.

voĉdonado, action de voter.

voĉdone, par vote.

voj, voie, route, chemin.

vojeto, sentier.

vojiri, aller en route, cheminer.

vojiranto, celui qui va en route, qui chemine.

ekrvojiri, se mettre en route.

vojaĝ, voyager.

vojaĝo, voyage.

vojaĝa, de voyage.

vojaĝanto, voyageur. (en train de voyager).

vojaĝema, porté aux voyages, qui a le goût des voyages.

vojevod, voïvode.

vok, appeler.

voko, appel.

alvoki, appeler à soi.

alvoko, appel à soi, invocation.

elvoki, provoquer (dans le sens de) susciter.

kunvoki, convoquer.

kunvoko, convocation.

vokal, voyelle.

vol, vouloir.

volo, volonté, vouloir.

volado, volonté (faculté).

senvola, involontaire.

senvole, involontairement.

vole ne vole, de gré ou non.

memvola, volontaire (qui agit par sa volonté).

memvolulo, volontaire (milit).

malvola, forcé.

kontraŭvole, contre son gré.

bonvola, bienveillant.

malbonvolo, malveillance.

volan, volant (jeu).

volont, volontiers, de bon gré.

volonta, que l'on fait volontiers, de bon gré.

volum, volume (livre).

volupt, volupté.

voluptema, voluptama (selon la nuance), voluptueux.

volv, enrouler (rouler une chose autour d'une autre). Ex. : *Volvi ŝnuron ĉirkaŭ sia talio,* enrouler une corde autour de sa taille.

malvovi, dérouler.

envolvi, envelopper.

kunvolvi, enrouler. ensemble.

vom, vomir.

vomo, vomado, vomissement.

vomilo, vomitif.

vorto, mot vocable.

vorta, de mot, de vocable.

vortaro, dictionnaire.

radikvorto, ou **radiko,** (mot) racine.

vortfarado, formation de mots.

laŭvorte, mot à mot.

per malmutaj vortoj, en peu de mots.

per unu vorto, en un mot.

la Vorto, le Verbe.

vost, queue.

vosta, caudal.

vosthava, caudé.

vual, voile (morceau d'étoffe destiné à dérober aux regards une chose ou une personne).

vuali, voiler (couvrir d'un voile).

vulgar, vulgaire (qui est admis, qui est mis en usage par le commun des hommes).

vulgarigi, vulgariser.

vulkan, volcan.

vulkana, volcanique.

vulp, renard (espèce).

vulpino, renard femelle.

vultur, vautour.

vund, blesser,

vundo, blessure.

vundebla, vulnérable.

brulvundo, brûlure.

Z

zebr, zèbre (espèce).
  zebrino, zèbre fe-
    melle.
zenit, zénith.
zibel, zibeline (espèce).
  zibelino, zibeline fe-
    melle.
zingibr, gingembre.
zigzag, zigzag.
  zigzagaj linioj, lignes
    en zigzag.
zink, zinc.
  zinki, recouvrir de
    zinc (zinguer).
  zingisto, zingueur.
zizel, zizel.
zodiak, zodiac.
zon, ceinture.
  zoni, ceindre (trans.).
zoologi, zoologie.

zorg, avoir soin de,
  prendre soin de,
  Ex. : *Vi zorgos pri ĉio,
  dum mia forestado,*
  vous aurez soin de
  tout pendant mon
  absence.
zorganto, tuteur.
zorgato, pupille.
zorgitaro, troupeau
  spirituel, ouailles.
zorga, soigneux.
senzorga, négligent,
  sans soin.
antaŭzorgo, précau-
  tion.
zuav, zouave.
zum, bourdonner (comme
  les mouches).

1021-03 — Coulommiers. Imp. Paul BRODARD. — 12-03.

KOLEKTO ESPERANTA APROBITA
de D⁰ ZAMENHOF

FRANCUJO, ANGLUJO, ITALUJO, HISPANUJO, GERMANUJO
POLUJO, DANUJO

FRANCUJO
ĤACĤETTE kaj K⁰
7ʒ, boulevard Saint-Germain, PARIS

1. **Grammaire et Exercices de la langue internationale « Esperanto »**, par M. L. de Beaufront. Un vol. in-16, br. **1 50**

1 *bis*. **Corrigé de Grammaire et Exercices de la langue internationale « Esperanto »**, par M. L. de Beaufront. Un vol. in-16, br.. . . . . » 75

2. **Dictionnaire Esperanto-Français**, par M. L. de Beaufront. Un vol. in-16, broché. **1 50**

3. **Dictionnaire Français-Esperanto**, par M. L. de Beaufront. Un vol. in-16, br. (*En préparation*).

4. **Vocabulaire Français-Esperanto**, publié avec des notions de grammaire et un **Vocabulaire abrégé Esperanto-Français**, par MM. Th. Cart, professeur agrégé de l'Université, M. Merckens et P. Berthelot. Un vol. in-16, br. **2 50**

5. **Commentaire sur la grammaire Esperanto**, par M. L. de Beaufront. Un vol. in-16, br. . . . . **2 »**

6. **L'Esperanto en dix leçons**, par Th. Cart et M. Pagnier. Un vol. in-16, broché. . . . . » 75

6 *bis*. **Corrigés des Exercices de l'Esperanto en dix leçons**, par MM. Th Cart et M. Procureur. Un vol. in-16, br. . . . . » 50

7. **Premières leçons d'Esperanto**, par M. Th. Cart. Br. in-16. . . . » 30

8. **Texte synthétique des règles, préfixes, suffixes, expressions de l'Esperanto**, avec traduction française en regard, par M. L. de Beaufront. Un vol. in-16, br. . . . . » 50

9. **Thèmes d'application**. *Lexicologie, Syntaxe, Formation des mots de l'Esperanto*, avec le vocabulaire des mots employés, par M. L. de Beaufront. Un vol. in-16, br.. . . . . **2 »**
   (Cet ouvrage a pour corrigé *Ekzercoj de Aplikado* indiqué ci-dessous).

L'Esperanto, seule vraie solution de la langue internationale auxiliaire. *brochure de propagande*. Broch. in-16. . . . . » 15

TEKSTOJ EN ESPERANTO

Ekzercoj de Aplikado, *Leksikologio, Sintakso, Vortfarado Esperantaj*. de L. de Beaufront. . . . . **1 »**

Esperantaj prozajoj. **2 50**

Hamleto, dramo de Shakespeare tradukita de Dʳᵒ Zamenhof, *nova eldono*. . . . . **2 »**

Leibniz. Monadologio, traduko de Sⁱ Boirac, rektoro de l'Akademio de Dijon . . . . » 60

Diversajoj, rakontetoj tradukitaj de Soj Lallemant kaj Beau. . . . **1 25**

Komercaj leteroj, de P. Berthelot kaj Ch. Lambert . . . . » 50

Fundamenta Krestomatio de la lingvo Esperanto, de L. Zamenhof. . **3 50**

(Voir au dos.)

(*Suite.*)

ANGLUJO
« REVIEW of REVIEWS »
Mowbray House, Norfolk street, LONDON, W. C.

First lessons in Esperanto, by Th. Cart and Joseph Rhodes. . 6 pence.
Esperanto : The Student's complete Text-Book, with two vocabularies :
  O' Connor.. . . . . 1ʳ 7ᵈ
Esperanto-English dictionary, by A. Motteau. . . . .
English-Esperanto vocabulary, by O'Connor. . . . .
English-Esperanto dictionary, by Joseph Rhodes and John Ellis (*in*
  preparation).

ITALUJO
RAFAELLO GIUSTI
53, Via Vittorio Emanuele, LIVORNO

Prime lezioni d'Esperanto de Th. Cart e Alb. Gallois. 0ˡ 40
Grammatica della lingua internazionale Esperanto di L. de Beaufront, tra-
  dotta da G. Puccinelli (*in preparazione*).
Dizionario Esperanto-Italiano (*in preparazione*).
Dizionario Italiano-Esperanto (*in preparazione*).

HISPANUJO
J. ESPASA
221, Calle de las Cortes, BARCELONA

Primeras lecciones de Esperanto de Th. Cart y L. Villanueva. . . 0ˡ 40
Gramática y Ejercicios de Esperanto de Villanueva y Inglada.
Diccionario Esperanto y Española de Villanueva y Inglada.

GERMANUJO
MÖLLER et BOREL
Prinzen-strasse, 95, BERLIN

Anfangsgründe der Esperanto-Sprache, von Th. Cart und Hermann
  Jürgensen. . . . . M 0 30
Wörterbuch Deutsch-Esperanto (*in Druck*).
Wörterbuch Esperanto-Deutsch (*in Vorbereitung*).
Grammatik und Übungsbuch der Esperanto-Sprache (*in Vorbereitung*).

POLUJO
W. ARCT
53, Nowy Siviat, WARSZAWA

Gramatikog Ovelser Esperanto . . . . »

DANUJO
ANDR.-FRED. HÖST & SÖN
KJÖBENHAVN

Dansk Esperanto Ordbog. . . . . » .
Esperanto-Dansk Ordbog. . . . . » .

1021-03. — Coulommiers. Imp. PAUL BRODARD. — 12-03.

Lightning Source UK Ltd.
Milton Keynes UK
UKHW031123181021
392412UK00009B/593